단숨에 상대를 사로잡는
대화의 기술

贴心话 by 安琪

Copyright © 2016 北京竹石文化
All rights reserved.
The Korean Language translation © 2017 Netswork
The Korean translation rights arranged with 北京竹石文化
through EntersKorea Co., Ltd., Seoul, Korea.

이 책의 한국어판 저작권은 ㈜엔터스코리아를 통한
중국 北京竹石文化 와의 계약으로 넥스웍이 소유합니다.
저작권법에 의하여 한국 내에서 보호를 받는 저작물이므로
무단전재와 무단복제를 금합니다.

인간관계를 부드럽게 만드는 **12가지 대화의 기술**

단숨에 상대를 사로잡는 대화의 기술

N넥스웍

| 머리말 |

말 한마디가 사람을 웃게 만들고,
말 한마디가 사람을 화나게 만든다

말의 힘과 그 중요성에 대해서는 세세하게 설명할 필요가 없다.

크게 보면 말 한마디로 나라를 살리거나 망하게 만들 수 있고 한 사람의 말이 백만 명의 스승보다 힘이 더 셀 수 있다.

작게 보면 말 한마디로 일을 성사시키거나 그르칠 수도 있다.

서양의 한 철학자는 말했다.

"빠르게 세상에 위업을 세우고 사람들의 인정을 받을 수 있는 지름길이 있다. 그것은 바로 훌륭한 언변이다."

이를 보면 말을 잘하는 것이 얼마나 중요한지 알 수 있다.

사실 말하는 것은 결코 어렵지 않으며 정말 어려운 것은 말을 잘하는 것이다.

말을 잘하는지 판단하려면 자신의 생각과 정보를 정확하고 유창하게 표현하고, 이를 상대방이 이해하고 공감하는지를 봐야 한다. 이

두 가지 중 후자가 특히 중요하다. 다시 말해 말을 잘하는지 판단하는 관건은 말이 상대방의 마음속에 들어가서 영혼을 건드리고 심금을 울릴 수 있는지에 달렸다. 말이 상대방의 마음속에 들어가서 심금을 울리게 만드는 방법은 단 하나다.

그것은 바로 마음에 들게 말하는 것, 즉 마음에 드는 말을 하는 것이다.

"말 한마디가 사람을 웃게 만들고, 말 한마디가 사람을 화나게 만든다."

이처럼 말이 적절하고 상황과 어울리고 상대방의 마음을 감동시키면 자연히 반응이 있게 마련이다.

어떻게 하면 절망의 나락에 빠진 사람이 삶에 대한 자신감을 회복하고 다시 용기를 내도록 만들 수 있을까?

어떻게 하면 칭찬으로 상대방을 기분 좋게 만들 수 있을까?

어떻게 하면 한 번도 의견을 받아들여본 적이 없는 사람이 순순히 비판을 인정하고 잘못을 고치게 할 수 있을까?

또 어떻게 하면 판촉 광고를 전혀 믿지 않는 사람이 말을 신뢰하고 상품을 구매하게 만들 수 있을까? 이는 어떻게 말하는지, 즉 어떻게 '마음을 공략'하는지에 달려 있다.

말을 잘해서 상대방이 마음으로 수긍하게 만들면 상대가 기꺼이 웃으며 응답할 것이다. 반대로 말을 잘못해서 뜻이 어긋나면 상대는 화를 내고 자리를 뜰 것이다.

다만 말을 능숙하게 하는 것과 마음에 들게 말하는 것을 혼동하지 말아야 한다.

말을 능숙하게 하는 것은 말을 물 흐르듯 막힘없이 하는 것이지만 반드시 유용한 것은 아니다.

마음에 들게 말하는 것은 말을 많이 하지 않더라도 상대방의 마음의 문을 열고 아픈 점을 정확하게 공략하여 요구를 만족시켜서 문제를 해결하고 원하는 결과를 얻는 것이다.

이 책은 실용적인 관점에서 출발하여 다양한 사례와 이론을 상세하게 설명한다. 이를 통해 독자들은 어떻게 하면 마음을 와 닿는 말을 해서 상대방을 움직일 수 있는지 깨닫고 대화의 고수로 거듭나게 될 것이다.

차례 CONTENTS

머리말 말 한마디가 사람을 웃게 만들고, 말 한마디가 사람을 화나게 만든다 _ 4

 제1부 듣기 좋은 말을 하자
사람은 듣기 좋은 말을 듣는다

제1장 '예의'를 지키면 천하를 누빌 수 있고 말에 '예의'를 갖추면 사람을 기쁘게 할 수 있다 | 16

예의에 어긋나는 말을 삼가고, '예의'를 지켜 천하를 누빈다 | 17
미소를 지으면 더 사랑받는다 | 20
적절한 호칭은 성공적인 대인 관계를 위한 첫걸음이다 | 23
상대방의 이름을 부르면 호감을 얻을 수 있다 | 27
예절 용어를 적절하게 사용하면 더 환영받는다 | 30
일이 잘되든 되지 않든 상대방의 도움에 감사를 표하자 | 34

C O N T E N T S

제2장 좋은 말은 노랫소리보다 더 듣기 좋고 사람의 마음도 얻을 수 있다 | 37

듣기 좋은 '소리'가 마음을 움직인다 | 38
진심 어린 말은 사람을 감동시킨다 | 42
유머를 잘 사용하면 분위기가 좋아진다 | 45
이렇게 칭찬하면 상대방이 더 좋아한다 | 48
뜻밖의 칭찬은 상대방을 변화시킨다 | 52
이렇게 작별 인사하면 여운이 오래 남는다 | 56
겸손은 적절히 표현해야 도리에 맞다 | 60

제3장 좋은 말 한 마디는 한겨울의 추위도 녹일 수 있고, 상대방의 입장에서 생각하는 배려는 마음을 따뜻하게 만든다 | 65

낮은 자세로 '격의 없는 대화'를 하면 호감을 얻을 수 있다 | 66
중재하는 법을 배우면 양측 모두가 좋아한다 | 70
융통성 있게 남이 듣고 싶어 하는 말을 하자 | 75
상대방의 입장에서 말하면 방어 심리를 제거할 수 있다 | 80
남을 비판하기 전에 먼저 자기 자신의 잘못을 탓하자 | 84
위로의 기술에 주의하면 마음을 더 잘 위로할 수 있다 | 88
상대방을 위한 진심 어린 충고가 더 효과가 좋다 | 93

제4장 하기 어려운 말도 지혜롭게 하면 잘 일깨울 수 있다 | 96

의견이 다를 때는 상대방이 스스로 설득당하도록 유도하자 | 97
완곡하게 돌려 말하면 서로의 기분을 상하지 않게 할 수 있다 | 100
사실을 곧이곧대로 말하는 것이 불리할 때는 '교묘하게 돌려서' 말하는 것이 좋다 | 104
비판이라는 쓴 약에 '달콤한 옷'을 입히면 받아들이기 더 쉽다 | 108
지혜로운 말로 손님을 돌려보내면 기분을 상하게 하지 않는다 | 111
합당하고 충분한 이유가 있으면 거절도 어렵지 않다 | 115
사과하는 요령을 알면 남이 용서하지 않을 수 없게 된다 | 119

제5장 좋은 말은 입으로만 하는 것이 아니라 배려하는 마음으로 하는 것이다 | 124

때로는 선의의 거짓말이 필요하다 | 125
사실대로 말하는 것이 항상 옳은 것은 아니다 | 127
키가 작은 사람에게 '작다.' 하지 말고 뚱뚱한 사람에게 '살이 쪘다.' 하지 말자 | 132
농담도 적당히 해야 함을 반드시 기억하자 | 136
혼자 떠들지 말고 남에게도 기회를 주자 | 141
단정적으로 말하지 말고 여지를 남기자 | 145
실의에 빠진 사람 앞에서 지나치게 자랑하지 말자 | 149

C O N T E N T S

 적절한 말을 하자
사람은 적절한 말을 받아들인다

제6장 낯선 사람과 대화할 때 능숙하게 대화를
　　　주도하자 | 154

　　　다른 사람이 쉽게 기억할 수 있도록 자신을 소개하자 | 155
　　　처음 만났을 때 이렇게 하면 사이가 더 가까워질 수 있다 | 160
　　　적절한 화제를 찾아 대화를 이어가자 | 164
　　　대화의 교착 상태를 지혜롭게 해결하자 | 168

제7장 친구와 대화할 때 서로 배려하고 방식에
　　　주의하자 | 173

　　　친구와 대화할 때 '공감'을 표현하자 | 174
　　　칭찬과 격려는 친구를 더욱 돋보이게 만든다 | 179
　　　스스로 깨닫도록 말하면 친구는 더 잘 변화한다 | 184
　　　사소한 일로 따져 친구를 잃지 말자 | 188

CONTENTS

제8장 가족과 대화할 때 마음으로 감동시키고 이치로 설득하자 | 191

이치로 설득하면 자녀들이 말을 더 잘 듣는다 | 192
자녀에게 하지 말아야 할 일곱 가지 말 | 196
이렇게 잘못을 인정하면 상대방이 더 화내지 않는다 | 201
부부 간의 사랑의 대화는 이렇게 하면 감동을 줄 수 있다 | 206
이유가 충분하면 부모는 당연히 안심한다 | 210
부모와의 의견 대립은 인내심 있게 소통하여 화해하자 | 214

제9장 직장 동료와 대화할 때 완곡하게 말하자 | 218

대화를 잘하면 동료 관계에 근심이 없다 | 219
이렇게 말하면 동료의 반감을 사지 않는다 | 223
동료와 대화할 때 반드시 정도를 지켜야 한다 | 227
자신을 겸손하게 낮춰 동료의 질투심을 약화시킨다 | 231
승진 후 동료에게 이렇게 '자랑'하자 | 236

C O N T E N T S

제10장 직장 상사와 대화할 때 방법에 주의하면 순조롭다 | 239

돌려서 말하면 상사를 화내지 않게 할 수 있다 | 240
뒤에서 상사를 칭찬하면 효과가 더 좋다 | 245
시기와 방법이 맞아야 상사가 듣는다 | 249
이렇게 의견을 제안하면 상사가 더 잘 듣는다 | 253
이렇게 잘못을 지적하면 상사가 더 잘 받아들인다 | 257
조언을 구하는 말투로 보고하면 상사가 가장 좋아한다 | 261
말을 잘하더라도 잘 들을 줄 알아야 출세할 수 있다 | 265

제11장 부하 직원과 대화할 때 인자하면서도 위엄 있게 하자 | 270

의논하는 어조로 지시를 내리면 부하가 더 잘 받아들인다 | 271
마음을 공략하면 부하 직원이 말을 더 잘 듣는다 | 275
좋은 말을 사용하면 부하가 잘 듣고 따른다 | 279
이렇게 부하를 비판하면 효과적이고 원한을 사지 않는다 | 283
부하 직원을 이렇게 칭찬하면 상사와 부하가 모두 빛난다 | 288
부하 직원에게 이렇게 나쁜 소식을 전하면 감정을 상하지 않게 할 수 있다 | 292

CONTENTS

제12장 고객과 대화할 때 고객의 마음에 맞춰 적극성을 이끌어내자 | 296

'작은 이익으로 유인하는 효과'를 이용해 고객을 '붙잡자' | 297
먼저 고객을 칭찬하면 자연스레 환심을 살 수 있다 | 302
대화의 돌파구를 찾아 고객의 마음을 열자 | 305
'권위 효과'를 이용하면 고객은 순순히 말을 듣는다 | 308

제1부 듣기 좋은 말을 하자

사람은 듣기 좋은 말을 듣는다

중국은 유구한 역사를 지닌 '예의지국禮儀之國'으로 예의를 숭상하고, 예의를 지켜 교제하는 것을 매우 중요하게 여겨왔다. 매사에 상대가 나를 공경하면 나도 상대를 공경하고, 상대가 나에게 예의를 지키면 나도 상대에게 예의를 지키는 법이다. 그 반대의 경우도 마찬가지다. 상대가 나를 공경하지 않고 예의를 지키지 않으면 나 역시 상대를 공경하지 않고 예의를 지키지 않게 된다. 남을 대할 때 말에 '예의'를 갖추고 점잖게 말하면 상대방에게 좋은 인상을 남길 수 있으므로 사회생활에 이롭다.

제1장

'예의'를 지키면 천하를 누빌 수 있고 말에 '예의'를 갖추면 사람을 기쁘게 할 수 있다

예의에 어긋나는 말을 삼가고, '예의'를 지켜 천하를 누빈다

널리 알려진 속담 중에 '이치에 맞으면 천하를 누빌 수 있지만, 이치에 맞지 않으면 한 치 앞도 나아갈 수 없다.'는 말이 있다. 여기서 '이치'란 '도리'를 뜻한다. 이 속담을 대화의 기술에 적용하면 '예의'를 지키면 천하를 누빌 수 있지만, '예의를 지키지 않으면 한 치 앞도 나아갈 수 없다.'로 표현할 수 있다.

옛날에 한 젊은이가 말을 타고 길을 가고 있었다. 그러나 해질 무렵이 다 되었는데도 묵을 만한 마을이 나타나지 않았다. 마음이 다급해진 젊은이는 멀리서 걸어오는 한 노인을 보고 급히 달려가 외쳐 물었다.

"이보시오, 늙은 양반! 여기서 여관까지 얼마나 걸리는지 아시오?"
"오리五里요!"

노인은 퉁명스럽게 대답했다.

젊은이는 노인의 말을 듣고 길을 재촉했다. 그러나 십 리를 넘게 달려도 여전히 인적을 찾을 수 없었다. 화가 난 젊은이는 말머리를 돌리며 투덜댔다.

"늙은이가 나를 속이다니 정말 괘씸하군! 오리는 무슨 오리?"

불현듯 그는 노인이 말한 '오리'가 자신의 '무례함'을 지적했다는 것을 깨달았다. (오리 길을 뜻하는 '오리五里'와 무례함을 뜻하는 '무례无礼'의 중국어 발음이 같다 – 역주)

젊은이는 그 노인을 빠르게 쫓아가 황급히 말에서 내린 뒤 얼굴에 미소를 지으며 다시 물었다.

"영감님, 안녕하십니까!"

노인은 이를 듣고 웃기 시작했다.

"자네 이제 이해했는가? 그렇다면 되었네. 여기서 여관까지는 길이 멀고 시간도 이미 늦었으니 괜찮다면 우리 집에서 묵었다 가시게나."

맨 처음 젊은이가 노인을 늙은 양반이라 부르며 무례하게 대하자 노인은 아무런 내색 없이 고의로 다르게 대답했다. 노인의 뜻을 뒤늦게 깨달은 젊은이가 말머리를 돌려 노인을 쫓아가 '영감님'으로 대하자 노인은 이내 노여움을 풀고 웃으며 사실대로 대답함은 물론 자신의 집에서 묵기를 청하기까지 하였다.

예의는 남과 더불어 살아가기 위한 핵심 열쇠이며 사람을 사귀는 데 있어 중요한 명함이다. 예의를 갖춰 말하는 사람은 언제나 그에 상응하는 예우를 받고, 반대로 예의를 갖추지 않고 말하는 사람은 어려움을 겪게 된다.

일본의 한 유명한 소설가가 이렇게 말한 적이 있다.

"일상생활에서 일어나는 마찰과 충돌은 모두 짜증스러운 목소리와 말투, 곱지 않은 말씨에서 비롯된다."

이 말은 눈에 보이지 않는 예의의 역할을 잘 설명해 준다.

실제로 '예의'를 중요하게 여기는 사람은 남에게 인기가 있을 뿐더러 '예의'를 하찮게 여기는 사람에 비해 성공을 거두기도 더 쉽다. 일을 잘하는 사람은 평소 대화할 때 '경어'를 자주 사용하는데 이렇게 '예의'를 기반으로 일을 성공적으로 해 나갈 수 있는 것이다.

예의는 남과 더불어 살아가기 위한 핵심 열쇠이며 사람을 사귀는 데 있어 중요한 예의를 갖춰 말하는 사람은 언제나 그에 상응하는 예우를 받고, 반대로 예의를 갖추지 않고 말하는 사람은 어려움을 겪게 된다.

미소를 지으면 더 사랑받는다

미소는 인간관계에 있어서 아주 중요한 역할을 한다. 미소를 지으며 대화를 하면 남에게 친절과 교양을 드러낼 수 있고 "저는 당신을 좋아합니다. 당신 덕분에 기쁩니다. 당신을 만나서 즐겁습니다."는 뜻도 전달할 수 있다. 이는 서로 간의 거리를 좁히고 좋은 분위기를 만들 수 있는 효과적인 방법이다.

미소는 분명 불가사의한 매력이 있다. 특별한 의미 없이 짓는 미소로도 사람들의 호감을 살 수 있다. 이는 미소가 인간의 마음을 끌어당기는 일종의 본능임을 말해준다. 현명한 사람들은 바로 이 점을 활용해 남의 환심을 얻기도 한다.

뉴욕 증권거래소에서 일하는 윌리엄은 본래 무뚝뚝한 성격인데다 업무특성상 웃을 일이 많지 않아서 잘 웃지 않는다. 심지어 아내에게 조차도 잘 웃지 않는 편이다. 그는 오래전부터 자신의 무미건조한 일상에 변화를 주고 싶었지만 어디서부터 어떻게 해야 할지 알지 못했다. 그는 한 성공학 대가에게 이 고민을 토로했고 작은 미소부터 시작해 보라는 조언을 얻었다.

이 조언을 따르기로 결심한 윌리엄은 매일 아침 일어나 아내에게 미소를 지었고 출근길에 스쳐지나가는 행인들에게도 밝은 미소를 지었다. 회사 로비에서는 엘리베이터 안내원에게, 직장에서는 동료들에게 미소를 지었고 심지어 알지 못하는 사람에게도 미소를 지었다. 그러자 그는 자신의 굳게 닫혔던 마음의 문이 서서히 열리는 것을 느낄 수 있었다.

뿐만 아니라 잘 모르는 사람들을 포함해 많은 사람들이 그에게 미소로 화답한다는 사실을 알게 되었다. 그렇게 윌리엄은 많은 사람들과 친구가 되었고 일상은 새로운 활력과 희망으로 가득 차게 되었다. 그는 미소가 이 모든 것을 가져다주었다고 생각한다.

미소는 바른 마음과 표정, 태도, 자세가 조화를 이룰 때 더 좋은 효과를 얻을 수 있다.

1. 웃음에 활기가 넘쳐야 더욱 밝고 친화력 있는 미소를 지을 수 있다.

2. 입, 눈, 코, 눈썹 등 오관이 자연스럽게 움직여야 한다.
미소를 지으면 눈썹은 올라가고 눈은 가늘게 떠지며 코가 살짝 커지면서 입꼬리가 올라간다.

3. 가볍게 소리 내며 웃는 것이 좋다.

소리 없이 표정만 웃고 있으면 상대방이 진심이 아니라고 느낄 수 있다. 살짝 웃음소리를 내는 것이 좋으나 지나치게 큰 소리로 웃지 않도록 주의한다.

4. 미소로 좋은 효과를 얻으려면 태도와 자세에도 주의해야 한다.

상황에 알맞은 깔끔한 옷을 입고 친절하고 예의 바른 태도로 사람들에게 밝은 미소를 지으면 봄바람처럼 산뜻한 인상을 전할 수 있다.

미소는 인간관계에 있어서 아주 중요한 역할을 한다. 미소를 지으며 대화를 하면 남에게 친절과 교양을 드러낼 수 있다.

적절한 호칭은 성공적인
대인 관계를 위한 첫걸음이다

　　호칭은 대인 관계에서 빠질 수 없는 요소다. 적절한 호칭을 사용하면 상대방을 편안하게 해줄 뿐만 아니라 관계 발전에도 이롭다. 반면 부적절한 호칭을 사용할 경우, 상대방이 불편함을 느끼게 할 뿐만 아니라 서로 소통하는 데 지장을 초래할 수 있다. 따라서 적절한 호칭은 성공적인 대인 관계를 위한 첫걸음이라 할 수 있다.

　주로 직장에서는 김 사장님, 박 주임님, 최 감독님과 같이 상대방의 직함을 부르는 것이 적합하며 이는 상대방에 대한 존중을 나타낸다. 자신보다 직위가 낮은 사람도 직함으로 호칭하는 것이 일반적이나 상황에 따라 보다 친근한 호칭을 사용하는 경우도 있다. 만약 상대방의 직함을 모를 경우, 우선 예의를 갖춰 선생님이라 부르고 직함과 이름을 파악한 후 그에 맞는 호칭을 사용하면 된다.

　최근 일부 회사에서는 나이가 많고 적음에 따라 오빠, 언니, 이모 등 친근한 호칭을 사용하는 것이 유행이다. 이러한 호칭은 사이가 가까울 경우 크게 잘못된 것은 아니며 서로 수용할 수 있는 정도에 따라 정해지는 것이 일반적이다.

일상생활에서의 호칭은 비교적 복잡하다. 일반적으로 연장자나 지인은 할아버지, 할머니, 이모, 삼촌, 어르신으로 칭하고, 비슷한 또래일 경우 오빠나 언니, 동생 등으로 부른다.

'잘생긴 형 또는 오빠', '예쁜 아가씨'(최근 중국에서 비슷한 또래를 부를 때 격식 없이 친근하게 사용하는 표현임 – 역주)는 무난한 호칭으로 특히 젊은이들이 즐겨 사용한다. 그러나 누가 봐도 못생긴 사람을 무턱대고 '멋진 오빠', '미녀'라 부를 경우 상대방의 반감을 살 염려가 있으므로 주의하도록 한다.

'동지同志'라는 표현은 주로 과거에 같은 사상을 공유하는 사람을 가리키는 말로 사용되었으나 최근에는 잘 사용되지 않으므로 나이가 지긋한 어르신을 칭할 때 외에는 가급적 사용하지 않는 것이 좋다. 유사한 호칭으로 '아가씨' 역시 사용을 삼가는 것이 좋다. 대신 '선생님'이나 '여사님'이 훨씬 더 안전한 호칭이다. 친구 간에는 이름을 직접 부를 수 있는데 대개 성은 부르지 않고 이름만 불러 친밀한 관계를 나타낼 수 있으며 상대방의 애칭이나 영어 이름을 부를 수도 있다.

적절한 호칭을 사용하기 위해서는 지역, 장소 등 다양한 관계도 아울러 고려해야 한다.

지역은 호칭에 영향을 미치는데 중국은 국토 면적이 넓어 지역차가 심하고 방언도 다양해 동일한 호칭이라도 지역에 따라 다른 의미를 가지기도 한다. 따라서 적절한 호칭을 사용하려면 이 점을 고려해야 한다.

예를 들어 '아가씨'는 주로 미혼의 젊은 여자를 칭하는 말이나 후난성 창더 지역에서는 아내를 부르는 말로 사용된다. 따라서 현지에서 소녀를 '아가씨'라고 부르면 부녀자를 희롱하는 것으로 오해받을 수 있다. 어떤 지역의 방언이나 토속어를 잘 모를 경우, 상대방을 '선생님'으로 칭하는 것이 일반적으로 적합하나 이 역시 절대적인 것은 아니다. 아래 실제 사례는 이를 잘 설명해준다.

몇 명의 젊은이들이 허베이 청더 산장으로 휴양을 갔다. 그중 한 젊은이가 팔왕묘에 이르는 지름길을 찾기 위해 길을 물으러 앞장섰다. 그는 길가의 음료수 판매대 옆에 한 젊은 아가씨가 앉아 있는 것을 보고는 앞으로 다가가 공손하게 물었다.

"선생님!"

아가씨는 아무런 대답이 없었다. 젊은이는 그녀가 듣지 못한 줄 알고 소리를 높여 다시 불렀다.

"선생님!"

그때 아가씨는 한숨을 쉬며 일어나더니 젊은이에게 씩씩거리며 큰 소리로 대답했다.

"선생님은 다른 데 가서 찾으시죠!"

젊은이는 아가씨가 왜 이렇게 크게 화를 내는지 이해할 수 없어 당황했다. 얼마 후 그는 현지인들이 스님이나 비구니를 '선생님'으로 부른다는 사실을 알게 되었다. 경솔하게 젊은 아가씨를 '선생님'이라 불렀으니 아가씨가 크게 화를 낸 것은 당연한 일이었다.

이처럼 같은 호칭이라도 장소에 따라 적절할 수도 적절하지 않을 수도 있다. 집에서 부모님을 엄마, 아빠라고 불러도 되지만 점잖은 자리에서 이렇게 부르는 것은 그다지 적절치 않고 대신 어머니, 아버지라고 부르는 것이 좋다.

또 동일한 호칭이라도 사람에 따라 받아들일 수도 꺼릴 수도 있다. 예를 들어 성이 진 씨인 어부를 진 씨라고 부르는 것은 그다지 바람직하지 않다. '진'이라는 글자의 발음이 침몰할 '침'과 같아서(두 글자의 중국어 발음이 chen으로 동일함 – 역주) 배가 침몰한다는 의미를 연상케 해 기피되기 때문이다.

또 다른 예로 똑같이 삼십 대인 사람이라도 어떤 사람은 장 선생님, 박 선생님으로 불리는 것을 개의치 않는 반면, 아직 결혼하지 않은 사람일 경우 장 씨, 박 씨라고 불리기를 원할 것이다.

결론적으로 상황에 따라 적절한 호칭을 사용하는 것은 매우 중요하며 적절한 호칭을 사용하는 것은 원만한 대인 관계를 맺는 첫걸음이다.

적절한 호칭은 성공적인 대인 관계를 위한 첫걸음이다. 뿐만 아니라 적절한 호칭을 사용하면 상대방을 편안하게 해줄 뿐만 아니라 관계 발전에도 이롭다.

상대방의 이름을 부르면
호감을 얻을 수 있다

이름은 하나의 호칭에 불과할 수 있지만 이 간단한 호칭의 힘을 결코 간과해서는 안 된다. 누구도 자신의 이름이 소홀히 여겨지는 것을 원하지 않으므로 이름은 상당히 중요하다. 누군가를 만날 때 상대방의 이름을 자주 불러준다면 호감을 얻을 가능성이 커진다.

리웨이가 한 고객을 방문하러 갔다. 그 고객의 이름은 니코마스 파파둘라스였는데 매우 길고 외우기도 어려웠다. 사람들은 그의 이름을 외우지 못해 모두 그를 '닉'이라 불렀다.

방문하기 전, 리웨이는 그 고객의 이름을 특히 신경 써서 외웠다. 마침내 그를 만났을 때 리웨이는 이렇게 말했다.

"니코마스 파파둘라스 선생님, 좋은 아침입니다. 만나서 반갑습니다."
 그 고객은 아주 놀란 표정으로 한 마디 말도 없이 그대로 거기 서 있었다. 몇 분 후 그는 갑자기 눈물을 흘리며 떨리는 목소리로 말했다.
 "리웨이 선생님, 제가 이 동네에서 십수 년을 살았지만 지금껏 제 이름을 제대로 불러주는 사람은 단 한 명도 없었습니다. 정말 감동입니다."

 친절하게 상대방의 이름을 불러주는 것은 상대방을 중요하게 여기고 존중한다는 표시이며 상대방을 마음에 두고 있음을 나타낸다. 그렇지 않다면 상대방의 이름을 애써 기억하지 않을 것이기 때문이다. 이런 상황에서 상대방은 기꺼이 당신과 교류하기 원할 것이다.

 크라이슬러사는 루스벨트 대통령을 위해 자동차 한 대를 맞춤 제작했다. 크라이슬러사의 체임벌린 회장은 엔지니어 한 명과 함께 이 차를 타고 백악관에 갔다. 루스벨트 대통령이 회장을 만난 자리에서 그의 이름을 정확하게 부르자 회장은 아주 놀라면서도 기뻐했다.
 체임벌린 회장은 대통령에게 자동차의 구조와 기능에 대해 상세한 해설을 곁들여 자세히 설명했다. 백악관에 있는 많은 직원들이 자동차 주위에 모여들어 칭찬하자 루스벨트 대통령은 모두의 앞에서 다시 한 번 말했다.
 "체임벌린 회장님, 이 차를 만들기 위해 많은 시간과 수고를 투자하셨군요. 정말 감사합니다. 정말 멋진 차입니다! 과연 완벽한 작품이라 할 만합니다!"

소개가 모두 끝난 후 대통령은 또 말했다.

"체임벌린 회장님, 잘 알겠습니다. 이제 이 완벽한 자동차를 어떻게 운전해야 할지 잘 알았습니다. 연방준비위원회가 저를 기다리고 있으니 저는 이만 가봐야 할 것 같습니다."

체임벌린 회장과 엔지니어는 대통령과 다른 직원들에게 정중히 인사를 하고 백악관을 떠났다. 이 만남은 체임벌린 회장에게 깊은 인상을 남겼고, 몇 년 후에도 그는 여전히 당시의 상황과 대통령이 한 말을 생생히 기억할 수 있었다.

루스벨트 대통령이 체임벌린 회장에게 깊은 인상을 남길 수 있었던 것은 단지 그의 신분이 특별했기 때문인가? 사실 꼭 그렇지만은 않다. 가장 중요한 원인은 대통령이 그에게 예우와 존중을 보여주었기 때문이다. 이를 가장 분명하게 표현한 부분이 바로 루스벨트 대통령이 체임벌린 회장의 이름을 기억했을 뿐만 아니라 여러 번 친절하게 불러준 것이다.

다른 사람의 이름을 기억하는 것은 비즈니스 교류에서도 아주 중요하다. 간혹 그로 인한 '결과'를 당사자들이 예상하지 못하는 경우도 있다.

누군가를 만날 때 상대방의 이름을 자주 불러준다면 호감을 얻을 가능성이 커진다.

예절 용어를 적절하게
사용하면 더 환영받는다

　　　　예의는 한 사람의 기본적인 소양을 드러낸다. 예의를 중시하는 사람은 비록 모든 곳은 아니더라도 대부분의 경우 존중과 환영을 받는다. 반면 예의를 중시하지 않는 사람은 어디에서나 반감과 미움을 사고 심지어 적대시될 수도 있다. 또한 예의를 중시하지 않는 사람이더라도 남이 예의가 없는 것은 싫어하게 마련이다. 따라서 특별한 경우를 제외하고는 항상 예의 있게 남을 대해야 한다.

　예절 용어는 남을 예의 있게 대하는 중요한 표현이다. 업무나 일상생활에서 예절 용어를 적절하게 사용하면 더 환영받을 수 있다.

　예절 용어는 '안녕하세요.', '어서 오세요.', '감사합니다.', '고맙습니다.', '바랍니다.', '죄송합니다.', '실례합니다.', '잘 부탁드립니다.' 등 다양하다. 이는 비교적 흔히 볼 수 있는 사용 빈도가 높은 예절 용어다. 이러한 예절 용어를 함께 분석해보자.

"안녕하세요."는 "안녕."보다 상대방을 더 존중하는 표현이며 상대방의 호감을 얻기 더 쉽다.

"어서 오세요."는 방문객에 대한 예우를 나타내며 상대방이 귀빈이 된 듯한 느낌을 줄 수 있다.

"감사합니다."와 "고맙습니다."는 감사의 뜻을 표하는 말로 말하는 사람의 교양을 드러냄과 동시에 듣는 사람이 아름다운 축복을 받을 수 있다.

일본인들은 "고맙습니다."를 자주 사용하는데 백화점 판매원들은 평균적으로 "고맙습니다."를 하루에 무려 571번 사용한다고 한다. 수치는 다소 과장되었을 수도 있지만 "고맙습니다."라는 예절 용어를 얼마나 중요하게 여기는지 알 수 있다.

"바랍니다."는 비록 간단한 말이지만 말하는 사람의 교양과 성의를 전달한다.

"죄송합니다.", "실례합니다."는 상대방에게 입힌 손실이나 불편에 대한 미안한 마음을 표현한다.

"죄송합니다."는 영국인들이 가장 많이 사용하는 예절 용어인데 남에게 조금이라도 폐를 끼치면 항상 즉시 "실례합니다."라고 말한다. 설령 남에게 폐를 끼치지 않았더라도 자주 "실례합니다."라는 말을 사용한다.

"부탁드립니다."는 어떤 사안에 대해 상대방의 관심을 요청하는 표현으로 상대방을 중요하게 여긴다는 느낌을 줄 수 있다. 일반적으로 청자가 듣기 좋으므로 가능한 한 관심을 주게 된다.

여기서 주의해야 할 점은 이러한 예절 용어를 남용해서는 안 된다는 것이다. 말을 하는 것뿐만 아니라 삼가는 것도 예절에 속하며 이를 적절하게 사용해야 바람직한 효과를 얻을 수 있다. 그러지 않을 경우 오히려 반감을 살 수도 있다. 평상시에 예절 용어를 사용할 때 아래 사항에 주의해야 한다.

1. 온화하고 친절한 어투를 사용해야 한다.

목소리는 너무 크거나 작지 않아야 하고 특히 애교 섞인 목소리로 속삭이거나 정중함을 잃어서는 안 된다. 그렇지 않으면 예절 용어에 상응하는 효과를 얻을 수 없고 오히려 상대방의 반감을 살 수도 있다.

2. 자연스러운 표정과 단정한 태도를 갖춰야 한다.

예절 용어를 사용할 때 어색해하지 말고 자연스러운 표정으로 상대방에게 온화하고 친절한 인상을 주어야 한다. 또한 너무 과하지도 모자라지도 않은 적절하게 공손한 태도를 취해야 한다. 예절 용어를 사용하더라도 태도가 거만하면 잘난 체하는 것처럼 보일 수 있고 가식적이라는 인상을 주어 친절하다는 느낌을 전달하기 어렵다. 반대로 지나치게 저자세를 취하면 비굴하다는 느낌을 주어 상대방을 불편하게 만들 수 있고 아첨하는 듯한 인상을 주어 신뢰감을 형성하기 어렵다.

3. 적당히 사용해야 한다.

예절 용어를 너무 많이 사용해서도 안 되고 함부로 생략해서도 안 된다. 지나치게 많이 사용하면 본래의 의의를 잃어버려 상대방에게 깊은 인상을 남기지 못한다. 생략하지 말아야 할 때 생략하면 예의가 없다는 느낌을 줄 수 있다.

앞에서 언급한 내용을 종합하면 다른 사람과 교류하고 소통할 때 예절 용어를 적절하게 사용하면 자신의 교양을 드러낼 수 있다. 그 외에 꼭 기억해야 할 점은 때와 장소, 표정에 주의해야 한다는 것이다. 이렇게 해야 예절 용어가 바람직한 역할을 할 수 있다.

예절 용어를 사용하면 상대방은 말하는 사람의 진심 어린 감사를 느낄 수 있고 두 사람의 관계도 더 가까워질 수 있다

일이 잘되든 되지 않든
상대방의 도움에 감사를 표하자

　　살다 보면 도움이 필요할 때는 온갖 좋은 말로 도움을 청하다가 일이 끝난 후에는 깨끗하게 잊어버리고 마치 아무 일도 없었다는 듯이 한 마디 감사의 표현도 하지 않는 사람들이 있다. 그보다 더 심한 것은 어떤 연유로 일이 잘되지 않은 경우 감사의 표현은커녕 오히려 상대를 원망하는 사람도 있다.

　후자는 명백히 '무례한' 행위에 해당되고 더욱 안타까운 것은 이러한 '무례한' 일을 생 속에서 흔히 볼 수 있다는 사실이다.

　'공로가 없어도 노고는 있다 没有功劳也有苦劳'는 중국어 속담처럼 일이 잘되든 되지 않든 그를 위해 애쓴 사람에게 감사해야 한다. 무릇 사람은 남에게 감사하는 마음을 배워야 한다. 감사는 상대방이 따뜻한 마음을 느낄 수 있게 해줄 뿐만 아니라 자기 자신도 예상치 못한 기쁨을 느끼게 해준다.

뤼난은 대학 졸업 후에도 대도시에서 계속 살고 싶었다. 그러나 현지 정책에 따라 실력 있는 회사에 정식 입사할 경우에만 대도시로 주소를 옮길 수 있었다. 뤼난은 적합한 회사를 찾기 위해 노력했지만 낯선 지역에서 여러 가지 어려움에 부딪혔다. 그때 갑자기 동창 씨에나가 떠올랐다. 씨에나의 언니 씨에리가 수년간 대도시에서 일했는데 어쩌면 그녀가 도움을 줄 수 있을지도 몰랐다. 뤼난은 씨에나에게 씨에리가 자신을 받아줄 수 있는 실력 있는 회사를 소개해 줄 수 있을지 물어봐달라고 부탁했다. 친절한 씨에리는 씨에나의 말을 듣고 알아봐 주기로 하였다.

하지만 일은 씨에리가 상상한 것처럼 그리 간단하지 않았다. 대도시에 실력 있는 회사도 그리 많지 않았고 모두 인재 영입에 대해 엄격한 규정을 가지고 있었다. 씨에리는 친구들에게 물어보았지만 다 성사되지 않았다. 씨에리는 미안한 마음으로 뤼난에게 그 소식을 전했다. 뤼난이 행여나 화를 내지는 않을까 걱정했지만 뜻밖에도 뤼난은 웃으며 말했다.

"언니, 괜찮아요. 쉽지 않다는 거 알고 있어요. 안 되면 어쩔 수 없죠. 다른 방법을 생각해 볼게요. 고마워요, 언니."

몇 개월이 지난 후, 조소를 옮기지 못한 뤼난은 어쩔 수 없이 현 소재지로 내려가게 되었다. 가기 전 뤼난은 특별히 씨에나와 씨에리를 찾아 식사를 대접하며 고마운 마음을 전했다.

이야기가 이렇게 끝나는 줄 알았지만 아직 끝이 아니었다. 약 1년 후, 내내 불편한 마음을 갖고 있던 씨에리는 마침내 뤼난을 받아줄 회사를 찾았다. 결국 뤼난은 대도시로 돌아와 일을 할 수 있게 되었다.

세 사람은 다시 모였고 뤼난은 씨에리에게 거듭 고마움을 전했다. 씨에리는 웃으며 말했다.

"내가 너를 꼭 돕기로 결심한 건 너의 넓은 이해심과 예의바른 태도 때문이었어. 그러니 나한테 고마워할 필요 없어. 고마워하고 싶으면 너 스스로에게 하렴!"

'무례한 태도'는 남의 미움을 사고 '예의바른 태도'는 사람을 얻는다. 감사를 전해야 할 때는 주저하지 말고 표현해야 한다. 감사를 표현하는 방식은 다양하다. 고맙다는 말을 직접 할 수도 있고 전화로 할 수도 있고 남을 통해 전달할 수도 있다. 어떤 방식을 택하든지 상대방은 따뜻한 마음을 느낄 수 있고 감사를 전하는 사람을 가슴속에 기억할 수 있다.

감사를 전해야 할 때는 주저하지 말고 표현해야 한다. 감사를 표현하는 방식은 다양하다. 고맙다는 말을 직접 할 수도 있고 전화로 할 수도 있고 남을 통해 전달할 수도 있다.

듣기 좋은 음악을 좋아하는 것처럼 사람은 누구나 듣기 좋은 말을 좋아한다. 현대 사회의 대인 관계에서 말을 잘하는지 여부는 인생의 성패에 영향을 주는 핵심적인 요소가 되었다. 아름답고 적절한 말을 하면 듣는 사람의 마음을 따뜻하고 즐겁게 만들 수 있고 호감도 얻을 수 있다. 좋은 인간관계는 바로 여기에서 시작된다.

제2장

좋은 말은 노랫소리보다 더 듣기 좋고 사람의 마음도 얻을 수 있다

듣기 좋은 '소리'가 마음을 움직인다

말의 내용과 생각, 감정은 목소리로 표현된다. 이러한 정보가 목소리로 전달되지 않으면 대화가 이어질 수 없고 그 효과가 좋은지 나쁜지도 논할 수 없을 것이다. 따라서 말을 할 때 목소리는 아주 중요하다.

말을 할 때의 목소리는 주로 목소리가 만드는 변화를 가리키는데 말하는 속도와 어조의 높낮이, 어투의 세기, 음절의 장단 등이 포함된다. 말을 할 때 이러한 요소들을 적절하게 조절하면 말의 내용을 잘 전달하고 더욱 풍부하게 만들 수 있다.

말을 할 때 목소리에 변화가 있어야 한다. 높거나 낮은 어조, 변화가 있는 어투를 적절하게 사용해야 하고 말하는 내내 똑같은 어조로 듣는 사람을 지루하게 하면 안 된다. 빠르거나 느린 속도, 쉬거나 계속되거나 길거나 짧거나 하는 변화가 있어야 듣는 사람이 편하고 재미있게 들을 수 있다.

  이탈리아의 한 유명한 가수는 노래를 하지 않고도 오직 목소리의 변화만을 이용해 음악을 표현하기도 한다. 이를 듣고 무대 앞 관중들은 박수를 보내고 심지어 감동의 눈물을 흘리는 이도 있다.

  이는 좋은 '목소리'만으로도 마음을 사로잡을 수 있고 영혼을 감동시킬 수 있다는 사실을 충분히 설명해준다. 좋은 목소리의 변화는 귀를 즐겁게 하는 효과는 물론이고 더욱 중요하게는 의미를 표현하고 감정을 전달할 수 있다.

  목소리의 변화는 선천적으로 가지고 있는 것이 아니라 엄격한 훈련을 통해 후천적으로 학습되는 것이며 수없이 연습해야 얻을 수 있다. 따라서 좋은 목소리의 변화를 통해 남의 마음을 사로잡기 원하면 훈련에 주의를 기울여야 한다.

  목소리 훈련은 주로 발음 연습이다. 발음 연습은 발성, 호흡, 소리, 울림 훈련이 포함된다.

  발성 훈련은 좋은 소리를 내는 능력을 훈련하는 것으로 우선 폐활량을 키워야 한다. 방법은 두 가지가 있는데 하나는 깊게 호흡하는 운동으로 깊게 숨을 들이마신 후 더 이상 참을 수 없을 때까지 참고 다시 천천히 숨을 내쉬는 것이다. 매일 이렇게 반복하여 연습한다. 다른 하나는 촛불을 앞에 두고 얼마나 먼 거리에서 촛불을 끌 수 있는지 보는 것이다. 만약 1미터 밖에서 촛불을 끌 수 있으면 된 것이다.

  폐활량 관문을 통과했다면 성량 훈련을 할 수 있다. 성악가가 목을 푸는 방법을 따라해 연습할 수 있는데 매일 아침마다 꾸준하게 해변이나 숲 속, 산 속 등에서 큰 소리로 외친다.

호흡 훈련은 정확한 호흡법을 연습하는 것이다. 구체적인 방법은 공기를 들이마실 때 입과 코로 들이마시고 아랫배는 단전을 향해 수축시키며 동시에 윗배와 가슴, 허리는 넓게 편다. 흉강과 복강 사이의 격막을 조여 충분히 숨을 들이마시면 소리를 내는 '힘'이 충분해져서 소리가 커진다.

소리 훈련은 자연스럽게 발성하는 것으로 우선 호흡을 들이마시고 내뱉는 방법이 정확한 상태에서 음량과 휴지에 주의한다. 올바른 방법은 숨을 깊게 숨을 들이마신 후 몸에 힘을 빼고 가장 낮은 음에서 가장 높은 음으로 연속해서 "아" 또는 "이" 소리를 낸다. 다시 가장 높은 음에서 가장 낮은 음으로 바꿔 반복한다.

울림 훈련은 주로 공강, 흉강, 비강의 공명을 훈련하는 것이다. 이 때 '항抗', '통通', '쾌挂' 이 세 글자를 기억해야 한다.

'항抗'은 좋은 공명을 만드는 기초로 호흡의 양방향 운동을 통해 저항을 만드는 것이다. '통通'은 숨이 충분히 앞과 위로 원활하게 흐르도록 하여 소리를 자연스럽게 내는 것이다.

'쾌挂'는 경구개에 소리를 '걸듯이' 소리를 끌어당기는 느낌으로 연습하는 것이다.

공명 훈련을 할 때는 옆구리를 넓게 편 채로 숨을 깊게 쉬어 목구멍과 가슴을 편안하게 해야 한다. 또한 소리가 아랫배에서 위로 수직으로 올라와 입과 목구멍을 거쳐 밖으로 나갈 때 막힘이 없이 원활하게 흐르도록 주의해야 한다.

　발음 훈련은 잰말놀이와 표준어 훈련을 포함한다. 잰말놀이 훈련은 발음 교정 및 혀 근육을 단련하는 데 매우 이롭다. 평소 많이 연습해 두면 좋다.

　잰말놀이 훈련은 간단한 문장에서 복잡한 문장으로, 짧은 구절에서 긴 구절로, 느린 속도에서 빠른 속도로 진행해야 한다. 분명하고 정확한 발음으로 빠르고 유창하게 말할 수 있도록 해야 한다.

　듣기 좋은 소리는 언제나 마음속을 쉽게 '파고들어' 마음의 문을 두드린다. 아직도 무엇을 망설이는가. 목소리를 아름답고 듣기 좋게 만들어보지 않겠는가.

말을 할 때 목소리에 변화가 있어야 한다. 높거나 낮은 어조, 변화가 있는 어투를 적절하게 사용해야 하고 말하는 내내 똑같은 어조로 듣는 사람을 지루하게 하면 안 된다.

진심 어린 말은
사람을 감동시킨다

세상 모든 사람들은 감사하는 마음을 가지고 있다. 특정한 상황에서 감사하는 마음과 감정의 호소를 당하는 마음을 이용하면 상대방이 말을 더 잘 받아들일 수 있게 된다.

링컨이 변호사였을 시절, 온갖 풍파를 다 겪은 듯한 얼굴의 나이든 부인이 그를 찾아와 사기를 당한 일을 토로했다. 그 부인은 독립전쟁에서 전사한 열사의 미망인으로 매달 정부에서 지급하는 연금으로 생계를 유지하고 있었다. 얼마 전, 보조금을 받으러 갔을 때 한 직원이 연금을 받기 위해 수속비를 먼저 지불할 것을 요구했다.

그러나 수속비가 연금의 거의 절반에 이를 만큼 너무 비쌌다. 부인이 비싼 수속비를 내지 못하자 직원은 연금 지급을 거절했다. 부인은 이것이 불합리한 처사임을 알았지만 자신이 너무도 불리한 처지에 있었고 아무도 그녀를 신경 쓰는 사람이 없었다. 이에 부인은 정의를 되찾고자 링컨을 찾아온 것이었다.

당시 그 직원은 부인에게 구두로 협박하여 아무런 증거가 남아 있지 않았다. 그러나 링컨은 부인의 사정을 듣고 정의를 되찾기 위해 최선을 다해 부인을 돕기로 결심했다.

예정대로 재판이 열렸다. 링컨의 예상대로 피고인은 이 일을 전면 부인했고 아무런 증거가 없어 판세는 링컨에게 아주 불리했다.

링컨의 발언 차례가 되자 그는 침착하고 차분한 표정으로 말하기 시작했다. 링컨은 먼저 독립 전쟁 이전에 미국인들이 겪은 어려움에 대해 이야기했고, 많은 어려움을 이겨내고 얻은 독립 전쟁에 대해 이야기했다. 어떻게 애국자들이 지독한 추위와 배고픔을 견디고 전쟁에서 이길 수 있었는지를 언급할 때 링컨의 눈시울이 붉어졌고 목이 멨다. 청중들은 링컨의 말에 깊이 감동하여 뜨거운 눈물을 흘리기도 하고 어떤 이들은 작은 소리로 흐느끼기도 했다.

마지막에 이르자 링컨은 격앙된 목소리로 말했다.

"이제 모든 사실은 이미 지나간 일이 되어 버렸습니다. 1776년의 영웅들은 지하에서 긴 잠을 청한 지 오래지만 그들의 힘없고 가여운 가족들은 여전히 우리 주위에서 살고 있습니다. 그 사람들 중 한 사람이 지금 아주 불공정한 대접을 받고 있습니다. 네, 맞습니다! 우리 앞에 서 있는 바로 이 가여운 부인이 우리가 정의를 되찾아 주어야 할 바로 그 사람입니다. 그녀도 한때는 젊고 아름다웠고 행복하고 아름다운 가정을 꾸렸지만 그 모든 것을 잃고 가난해졌습니다. 혁명 선

열들이 피와 생명으로 자유의 삶을 되찾을 수 있었던 우리들의 도움과 보호를 그녀는 지금 필요로 하고 있습니다. 우리가 그냥 지나쳐서야 되겠습니까?"

링컨의 발언이 끝나자 모든 청중들은 깊은 감동을 받았다. 청중석은 술렁였고 어떤 사람은 소리 내어 울기 시작했고 어떤 사람은 피고를 혼내주고 싶어 하기도 하였으며 또 어떤 사람은 부인의 주머니에 돈을 넣어 주기도 하였다. 결국 배심원들의 강한 요청에 따라 판사는 부인의 승소를 판결했다.

링컨은 감정에 호소하는 언어를 사용해 독립 전쟁 열사들의 위대한 희생에 감사하는 마음과 남은 가족들에 대한 동정심을 불러 일으켜 청중들을 감동시키는 데 성공했다. 덕분에 여론은 완전히 부인에게 향했고 결국 불리한 소송에서 승리를 거두었다. 만약 링컨이 감정에 호소하는 말로 청중들이 거절할 수 없도록 만들지 않았다면 재판은 전혀 다른 결과를 가져왔을 것이다.

사람은 목석이 아니니 그 누군들 감정이 없겠는가. 가진 것이 별로 없는 빈털터리라도 진심 어린 말에 '감동'을 받으면 자신의 것을 기꺼이 주고자 할 것이다.

존중, 양해, 동정, 감사는 말을 생동감 있게 만들고 마음속에 깊이 들어가서 영혼의 가장 깊은 곳에 위치한 가장 진실한 감정을 불러일으킨다.

유머를 잘 사용하면 분위기가 좋아진다

직접적이고 딱딱한 말은 종종 듣는 사람을 재미없고 따분하게 만들고 심지어 불편하게 만들기까지 한다. 또한 분위기를 어색한 정적이 흐르게 만들기도 한다. 이때 적재적소에 유머를 잘 사용한다면 어색한 분위기를 피할 수 있을 뿐만 아니라 듣는 사람을 기분 좋게 만들 수 있다.

때로는 적당한 자조가 어려운 상황을 면하게 해주기도 한다.

리쉐지엔은 유명한 연극인으로 여러 작품에서 크고 작은 역할을 연기해 많은 관중들을 사로잡았다. 1991년 11월, 그는 《초유록焦裕禄》의 주연을 맡으며 '금종상'과 '백화상'을 받았다.

시상식에서 사람들은 이번 역할에 대한 연극인으로서의 그의 생각을 듣고 싶어 했다. 리쉐지엔은 다른 연기자들처럼 형식적인 감사 인사 대신 진지하게 말했다.

"고난과 어려움은 훌륭한 초유록이 겪고, 명예와 이익은 아무것도 아닌 리쉐지엔이 다 받는군요."

리쉐지엔의 유머에는 배역을 맡은 인물에 대한 존경심과 자신의 행운에 대한 조소가 담겨 있었다. 말을 마치자 현장에서는 큰 박수 소리가 울려 퍼졌다. 몇 년이 지난 후에도 사람들은 그 말을 정확히 기억했다.

유머는 말의 전달력을 높이고 마음에 와 닿는 감동을 선사한다. 따라서 말을 할 때 유머를 잘 사용하는 것은 좋은 무기를 사용하는 것과 동일하며 인간관계를 넓히는 데에도 도움이 된다.

유머는 적절하게 사용해야 한다. 시의적절하지 않거나 정도가 지나친 유머는 좋은 효과를 얻을 수 없을 뿐만 아니라 오히려 감정을 상하게 하고 관계를 깨뜨릴 수 있다. 다음은 적절한 유머의 기준이다.

1. 내용이 건전하고 품위가 있어야 한다.

저질 또는 저속한 말은 얄팍한 웃음을 줄 수는 있지만 곧 흥미가 떨어지고 만다. 반면 내용이 건전하고 품위가 있는 유머는 사람들에게 좋은 정신적 향유가 될 뿐만 유머를 말하는 사람을 '빛나게' 만들어준다.

2. 좋은 의도에서 비롯되어야 한다.

유머는 사람을 선하게 대하는 좋은 의도에서 비롯되어야 한다. 유머를 핑계로 남을 비웃고 욕한다면 이는 유머의 본질을 잃은 것이자 그 본질에 위배되는 것이다.

3. 사람에 따라 적절하게 사용해야 한다.

유머는 상대를 보아 가며 사용해야 한다. 어떤 사람에게는 유머를 사용할 수 있는 반면 유머를 사용하기에 적절하지 않은 사람도 있다. 이는 구체적인 상황에 따라 정해진다.

4. 장소에 따라 적절하게 사용해야 한다.

유머는 사람에 따라 적절하게 사용해야 하는 것과 마찬가지로 장소에 따라서도 달라져야 한다. 장소와 상관없이 무분별하게 유머를 사용해서는 안 되며 그렇지 않으면 금기를 범할 우려가 크다.

유머는 말의 전달력을 높이고 마음에 와 닿는 감동을 선사한다. 따라서 말을 할 때 유머를 잘 사용하는 것은 좋은 무기를 사용하는 것과 동일하며 인간관계를 넓히는 데에도 도움이 된다.

이렇게 칭찬하면
상대방이 더 좋아한다

　　　　사람은 누구나 칭찬받는 것을 좋아하고 칭찬받고 싶어 한다. 이는 어린이나 노인, 일반인, 유명인 모두 다르지 않다. 한 기업가가 말했다.

"인간은 모두 박수 속에서 산다. 직원들은 상사에게 인정을 받고 상을 받을 때 더 열심히 일하게 된다."

대문호 조지 버나드 쇼는 이렇게 말했다.

"매번 사람들이 나를 치켜세울 때마다 나는 머리가 아프다. 그것은 여전히 부족하기 때문이다."

성공학의 대가 카네기는 이렇게 말했다.

"우리가 다른 사람을 변화시키고자 할 때 왜 질책을 칭찬으로 대신하지 않는가?"

이로써 우리는 칭찬이 얼마나 중요하고 또 얼마나 많은 사람들이 좋아하는지 알 수 있다.

칭찬은 반드시 진정성이 있어야 한다. 진정성 있는 칭찬은 가장 듣기 좋은 음악이며 모든 사람들이 좋아한다. 그것은 아주 강력한 무기이며 어디에서나 이롭다.

찰스 슈와브는 미국 역사상 최초로 연봉 백만 달러를 초과한 경영인으로 철강 회사의 경리로 일했다. 한번은 기자가 그에게 물었다.

"당신의 상사가 왜 당신에게 100만 달러의 연봉을 준다고 생각하시나요? 어떤 특별한 재능이 있으신가요?"

슈와브의 대답은 기자의 예상을 빗겨갔다.

"저는 특별한 재능도 없고 철강에 대해서도 많이 알지 못합니다. 하지만 저는 직원들의 사기를 북돋울 수 있습니다. 제가 직원들의 사기를 북돋는 방법은 바로 진심 어린 칭찬과 격려입니다."

좋은 칭찬은 진정성이 있어야 할 뿐만 아니라 사람에 따라 장소에 따라 적절해야 하며 상세하고 구체적이어야 한다. 이렇게 해야 상대방이 아첨한다고 생각하지 않고 칭찬을 더 잘 받아들일 수 있다.

연세가 있는 분들은 과거에 대해 말하기를 좋아하므로 어르신을 칭찬할 때 화려한 과거를 언급하는 것이 좋다. 사업가는 좋은 머리와 사업 수완을, 지식인은 넓은 식견과 풍부한 학식을, 창업가에게는 용기와 도전 정신 등을 칭찬할 수 있다.

칭찬은 구체적일수록 좋다. 따라서 상대방에 대해 잘 이해할수록 상대방을 더 잘 칭찬할 수 있고 그 효과도 더 좋다. 또한 상대방이 진정성과 친절함을 느낄 수 있고 나아가 서로 간의 거리를 좁힐 수 있다.

또한 칭찬은 시의적절해야 한다. 만약 친구가 남자친구와 찍은 사진을 계속 보여준다면 남자친구의 준수한 외모를 칭찬할 수 있다. 또한 어떤 어머니가 자식에 대한 이야기를 계속한다면 그 아이가 얼마나 똑똑하고 착한지 칭찬해야 한다. 어떤 남자가 얼마나 많은 스타와 유명인을 아는지 말한다면 그의 넓은 인맥을 칭찬해야 한다.

이렇게 시의적절한 칭찬은 효과가 좋고 듣는 사람을 기분 좋게 하여 자연스럽게 우정을 쌓을 수 있다. 물론 칭찬에도 정도가 있으므로 사람의 도리를 지켜야 하고 무분별하게 칭찬을 하는 것도 좋지 않다.

주의해야 할 점은 아무 근거 없이 무턱대고 남을 칭찬해서는 안 된다는 것이다. 그러면 좋은 효과를 얻지 못할 뿐만 아니라 오히려 일을 그르칠 수 있다. 예를 들어 생기가 없어 보이는 아이의 어머니에게 "아이가 참 영특해 보이고 귀엽네요!"라고 말한다면 오히려 어머니의 심기를 불편하게 만들 것이다. 이런 칭찬은 칭찬이 아니라 조소에 가깝기 때문이다. 대신 이렇게 말하는 것이 좋다.

"아기가 아주 건강해 보이네요!"

이렇게 칭찬하면 그 어머니는 기쁘게 받아들일 것이다.

"인류의 가장 기본적인 본성 중 하나는 칭찬과 감탄, 존중을 받기 원하는 것이다."

따라서 칭찬을 받고 싶어 하는 상대방의 욕구를 '만족'시키려면 인색하게 굴지 말고 진정성 있고 시의적절한 칭찬을 소리 높여 말하자!

진정성 있는 칭찬은 가장 듣기 좋은 음악이며 모든 사람들이 좋아한다. 그것은 아주 강력한 무기이며 어디에서나 이롭다.

뜻밖의 칭찬은
상대방을 변화시킨다

극작가 셰익스피어는 이렇게 말한 적이 있다.

"실제로 가지고 있지 않은 미덕을 칭찬하는 것은 남의 부족함에 대한 일종의 격려이자 암시다."

만약 남의 결점이나 부족한 점을 고치고 싶다면 오히려 그것을 칭찬하는 것도 방법이 될 수 있다.

한 젊은이가 작은 도시에서 약국을 개업했다. 그런데 그 도시에는 예전부터 약국이 하나 있었는데 주인인 파커는 풍부한 조제 경험이 있을 뿐 아니라 명망도 좋았다.

그러나 그는 새로 약국을 개업한 젊은이가 자신의 생업에 도전한다고 생각해 그에게 언짢은 마음을 가지고 있었다. 그리하여 그는 젊은이가 약을 조제할 줄도 모르면서 가짜 약을 판다고 비방하기 시작했다.

 젊은이는 그 사실을 알고 몹시 화가 나 파커를 비방죄로 고소하려고 하였다. 고소를 하기 직전 젊은 사장은 자문을 얻고자 한 변호사를 방문했다. 변호사는 그를 마주하며 말했다.

 "사태가 아직 심각한 정도는 아니니 너무 크게 소문내지 않는 것이 좋을 것 같습니다. 당신과 그분 모두에게 이로울 것이 없습니다. 오히려 당신의 선의를 전달하여 그분을 감화시키는 방법을 사용하면 어떻겠습니까?"

 젊은이는 변호사가 제안한 방법을 실행해 보기로 했다. 어느 날 한 고객이 젊은이에게 파커가 그를 비방하는 것에 대해 말하자 그는 정중하게 말했다.

 "부디 그런 말씀 마십시오. 제 생각에 그건 분명 오해입니다. 그분은 이 도시에서 가장 훌륭한 조제사이며 경험도 아주 풍부하고 아픈 사람을 위해 언제나 약을 조제해 주고자 최선을 다합니다. 지금까지 저는 파커 선생님을 롤 모델로 삼아 그분과 같이 훌륭한 조제사가 되어 사람들을 섬기고 싶었습니다. 우리 도시는 현재 빠르게 발전되고 있어 두 약국이 장사를 할 수 있는 충분한 공간이 있습니다. 그분도 분명 이 점을 잘 알고 있을 것이고 고의로 저를 공격할 리가 없다고 저는 확신합니다."

 젊은이의 말이 파커의 귀에 들어가자 그는 몹시 부끄러워졌고 젊은이의 칭찬을 감당하기 어려웠다. 그는 황급히 젊은이를 찾아가 진심으로 젊은이에게 미안한 마음을 전했고 자신의 약국 운영 경험은 물론 유익한 조언도 해주었다.

젊은이의 칭찬은 파커가 예상하지 못한 것이었다. 바로 그 점 때문에 파커는 크게 감동을 받았고 자신의 마음속을 자세히 살펴보고 결국 후회하고 진심 어린 반성을 한 것이다.

넓게 생각해 보면 어떤 사람의 결점이나 부족한 점을 바로잡기 위해 오히려 상대방의 다른 장점을 칭찬하는 것을 어떨까? 다음의 사례를 살펴보자.

켄트 부인은 가정부를 고용하기 위해 한 가정부의 전 고용인에게 전화를 걸어 그녀에 대해 물었다. 전 고용인은 켄트 부인에게 그녀의 장점과 단점을 말해 주었고 단점이 장점보다 더 많다고 전했다.

켄트 부인은 이를 듣고 가정부를 찾아가 말했다.

"당신의 전 고용인에게 전화를 걸어보았더니 당신이 아주 성실하고 요리도 잘한다고 일러 주었어요. 그런데 한 가지 부족한 점은 방 정리를 잘못해서 항상 방이 지저분하다고 말했어요. 분명 무슨 이유가 있었거나 그분이 당신에 대해 어떤 편견이 있었을 거라고 생각해요. 저는 당신이 분명 방 청소도 잘할 거라고 믿어요, 그렇죠?"

그 가정부는 켄트의 집에 정식 고용되었고 사람들의 예상대로 그녀는 매일 주인을 위해 맛있는 음식을 만들었고 방 청소도 아주 깨끗하고 하였다. 켄트 부인은 더할 나위 없이 만족스러웠다.

위 사례는 기대 밖의 칭찬으로 자신의 기대에 부합하게 만들고 또한 상대방으로 하여금 자신의 결점을 자발적으로 고치게 만든다는 사실을 다시 한 번 보여준다. 이것이 바로 칭찬의 매력이다. 사실 누구든지 다른 사람이 자신의 장점을 칭찬한다면 그 명예를 지키기 위해 최선을 다하게 된다.

 실제로 가지고 있지 않은 미덕을 칭찬하는 것은 남의 부족함에 대한 일종의 격려이자 암시다.

이렇게 작별 인사하면
여운이 오래 남는다

중국 속담에 "바구니를 엮을 때도 모두 끝매듭이 있다."는 말이 있다. 일의 마무리가 중요함을 강조하는 의미다. 중국의 현대 작가 펑지는 이런 재미있는 말을 했다.

"내가 작품을 구상할 때 가지고 있는 습관은 반드시 좋은 결말을 맺는 것이다. 나는 이것이 첫머리보다 훨씬 더 중요하다고 생각한다. 마지막 대사, 마지막 붓 터치, 마지막 음소 등 예술 작품의 성공 여부는 대부분 마지막에 달려 있다. 가장 쉽게 성공하고 또 가장 쉽게 실패하는 곳은 모두 대개 바로 이곳이다."

이 말은 마무리가 작업 전체에 있어 얼마나 중요한지를 통찰력 있게 정리해준다. 말하기도 이와 마찬가지로 앞에서 얼마나 말을 잘했는지, 얼마나 감동적이었는지 상관없이 마지막에 정리를 제대로 하지 못하면 모든 것은 의미를 잃고 전체적인 효과에도 반드시 영향을 미친다.

양광은 저녁식사 후 같은 동에 사는 친구 집에 놀러가 서로 이야기를 주고받으며 정다운 시간을 보냈다. 시간이 빠르게 흘러 시계를 보자 어느덧 이미 늦은 시간이 되었다. 양광은 친구가 쉬지 못할까 봐 말을 마치고 급히 자리에서 일어났다.

문을 나서자 친구가 문을 '쾅' 하고 닫았다. 순간 양광은 마음이 불편했다. 방금 전까지만 해도 정답게 이야기를 나누던 즐거움이 '쾅' 하는 문소리와 함께 흔적도 없이 사라져 버렸고 심지어 친구가 자신의 방문이 못마땅한가 하는 생각도 들었다. 어찌 되었든 그 후로 양광은 그 친구의 집에 다시는 놀러가지 않았다.

객관적으로 보면 아마 양광의 친구는 그의 방문을 못마땅하게 여긴 것은 아니었을 것이다. 그러나 작별 인사를 할 때 그의 행동은 분명 그런 인상을 남겼고 양광이 그런 추측을 하는 것도 정상이다. 이를 통해 작별 인사를 할 때의 언행이 대화 전체에 있어서 매우 큰 영향이 있음을 알 수 있다.

다음의 작별 인사를 살펴보자.

한 기자가 어느 과학자의 명성을 듣고 그를 찾아갔다. 그 과학자는 유머가 있고 말솜씨가 좋아서 두 사람은 좋은 분위기에서 즐겁게 대화를 이어갔다. 기자가 일어나 예의 있게 작별 인사를 하자 과학자도 즉시 일어나 기자에게 정중하게 말했다.

"찾아와 주셔서 감사합니다. 기자님과의 대화를 통해 많이 배웠습니다. 앞으로 많은 도움이 될 것 같습니다. 정말 감사합니다! 다음에도 또 방문해 주시길 진심으로 바랍니다!"

그의 작별 인사에 기자는 크게 감동했고 과학자와 손을 꼭 붙잡으며 놓으려 하지 않았다.

비록 기자는 그 후 그 과학자와 다시 만나지는 않았지만 과학자의 마지막 인사는 계속 그의 머릿속에 남았다. 몇 년이 흐른 뒤에도 그는 여전히 그를 감동시킨 과학자의 말을 기억했고 아마 평생 잊지 못할 것이라고 생각했다.

적절한 작별 인사는 상대방에게 깊은 인상을 주고 오랫동안 여운을 남기는 신기한 효과가 있다. 또한 다음에도 다시 만나 대화를 나누길 원하게 만든다.

그러면 어떤 작별 인사가 깊은 인상을 주고 오랫동안 여운을 남기는 신기한 효과가 있을까? 일반적으로 다음과 같은 인사말이다.

"성공하시길 빕니다. 좋은 소식 기대하겠습니다." 같은 아름다운 축복, "덕분에 많이 배웠습니다." 같은 진심 어린 칭찬, "가르침 감사합니다. 꼭 명심하겠습니다."와 같은 감사의 인사, "당신을 알게 되어 정말 행운입니다. 우리의 우정이 계속되길 바랍니다."와 같은 기대의 말, "오늘 회담에 참석해 주셔서 영광입니다. 또 한 번 와 주시길 바랍니다!" 같은 초청의 말 등이다.

이렇게 마음을 담은 작별 인사는 상대방의 마음을 깊이 감동시키고 친절함을 느끼게 해준다. 따라서 이후에도 더 자주 왕래하게 되고 소위 말하는 '우정이 돈독해지는' 아름다운 광경을 볼 수 있을 것이다.

적절한 작별 인사는 상대방에게 깊은 인상을 주고 오랫동안 여운을 남기는 신기한 효과가 있다. 또한 다음에도 다시 만나 대화를 나누길 원하게 만든다.

겸손은 적절히 표현해야
도리에 맞다

몇천 년 전, 시인 굴원은 말했다.

"척尺도 짧은 곳이 있고 촌寸도 긴 곳이 있다. 물건도 부족할 때가 있고 지혜도 밝지 않을 때가 있다."

즉 모든 일에는 부족함이 있으니 무릇 사람은 겸손해야 한다는 말이다.

말할 필요도 없이 겸손은 일종의 미덕이다. 일이나 생활 속에서 겸손한 사람은 언제나 더 많은 지지와 도움을 얻을 수 있다. 반대로 스스로 대단하다 여기고 자기를 중시 여겨 남을 경시하는 사람은 다른 사람의 반감을 불러 일으켜 결국 고립되고 만다.

겸손은 하나의 기술로 아무렇게나 표현해도 다 훌륭한 것이 아니다. 많은 사람들이 상사나 친한 친구에게 칭찬을 받은 후 겸손하게 행동하려고 하지만 어떻게 겸손해야 하는지 잘 모르거나 어떻게 해야 적절하게 겸손한 것인지 알지 못한다. 그래서 겸손의 인사를 제대로 전달하지 못하고 결국 대부분 의미 없는 상투적인 인사말 몇 마디로 끝나버리고 만다. 인사말이 빈약하여 오히려 부자연스럽고 형식적인 느낌을 주게 된다.

그러면 칭찬을 받았을 때 어떻게 겸손을 표현해야 좋은 인상을 남길 수 있을까? 다음 몇 가지 방법을 참고하면 좋다.

자신의 공로를 낮추는 방법

칭찬에는 모두 이유가 있다. 어떤 일을 잘했거나, 연구에서 큰 성과를 얻었거나, 새로운 국면을 열었거나, 남을 도왔거나, 어쨌든 어떠한 이유가 있게 마련이고 이유 없이 주어지지 않는다. 어떤 일에 대한 성취로 남에게 인정과 칭찬을 받을 때 당사자는 자신의 공로를 낮추어 겸손을 표현하는 방법을 사용할 수 있다.

뉴턴은 '뉴턴' 역학을 만들어 세계적으로 유명해졌다. 사람들이 그를 위대하다고 말할 때 그는 진지하게 말했다.

"제발 그렇게 말씀하시지 마십시오. 다른 사람들이 저를 어떻게 보는지 모르지만 저는 제 자신이 마치 어린아이 같다고 생각합니다. 해변에서 놀다 우연히 반짝이는 조개껍데기를 몇 개를 주웠을 뿐, 진정한 지식의 바다는 아직 발견하지 못했습니다!"

뉴턴은 지식을 바다로 보았고 자신이 얻은 성취는 어린아이가 해변에서 우연히 주은 반짝이는 조개껍데기로 보았다. 뉴턴의 비유를 통해 자신의 공로를 낮추었고 사람들에게 매우 겸손하다는 느낌을 주었다.

비판을 구하는 방법

칭찬을 마주했을 때 자신이 얻은 성취에서 출발했으나 부족한 부분을 발견하면 이에 대해 진심 어린 비판을 구하면 겸손한 태도를 보다 더 잘 드러낼 수 있다. 물론 비판을 구할 때는 반드시 성심성의껏 해야 한다. 그렇지 않으면 억지로 꾸민 듯한 느낌을 줄 수 있다.

부분 긍정법

남에게 인정을 받을 때 무조건 자신이 부족하다거나 심지어 자신이 옳은 것이 하나도 없다고 하면 되레 오만하다는 느낌을 줄 수 있다. 이는 '지나친 겸손은 오만이다.'라는 속담과 일맥상통한다.

연기 분야에서 촉망받던 한 청년 연기자가 대중들의 칭찬을 받자 이렇게 말했다.

"별거 아닙니다."

이 말의 숨은 뜻은 "저는 그다지 최선을 다하지 않았다!"로 사람들에게 오만하다는 느낌을 주었다.

대중들의 칭찬에 직면할 때 루쉰은 이렇게 말했다.

"천재라니요. 저는 그저 다른 사람들이 커피 마시고 잡담하는 시간을 일하는 데 썼을 뿐입니다."

루쉰 선생은 자신이 천재라는 평가를 부인한 뒤 시간을 아껴 쓰는 자신의 장점은 인정했다. 이렇게 칭찬을 부분적으로 인정하는 화법은 진실하다는 느낌을 주고 동시에 루쉰 선생의 겸손한 태도도 느낄 수 있게 해준다.

비유 활용법

때로는 직접적인 겸손의 말은 진실 되지 못하고 위선적이라는 느낌을 줄 수 있다. 특히 두 사람 사이에서 발생할 때 더욱 거짓되고 공허해 보일 수 있다. 이러한 상황에서 비유를 활용해 겸손을 구체화시켜 표현하면 더 진실 되고 생생한 느낌을 만들 수 있다.

궈모로우와 마오둔 두 문학 대가가 한 차례 만남을 가졌다. 두 사람은 문학 거장 루쉰에 대해 이야기하다가 궈모로우가 말했다.

"루쉰 선생은 인민을 위해 봉사하는 '소'가 되고자 했습니다. 저는 그 '소'의 꼬리가 되고 싶습니다."

궈모로우의 말을 듣고 마오둔도 말했다.

"그렇다면 저는 그 '소' 꼬리에 난 털이 되고 싶습니다!"

두 사람은 루쉰의 비유를 들어 한 사람은 인민을 위해 봉사하는 '소'의 꼬리가 되고 싶다 하고, 다른 한 사람은 인민을 위해 봉사하는 '소' 꼬리에 난 털이 되고 싶다고 하였다.

구체적이고 생생한 비유를 통해 겸손의 뜻이 분명하게 드러나 깊은 인상을 남겼다.

사실 겸손의 방법은 몇 가지에만 국한된 것은 아니다. 일이나 생활

속에서 장소와 시간, 대상에 따라 서로 다른 방법을 사용할 수 있다. 진실한 겸손의 마음을 적절하게 표현한다면 반드시 좋은 결과를 얻을 수 있을 것이다.

일이나 생활 속에서 겸손한 사람은 언제나 더 많은 지지와 도움을 얻을 수 있다.

상대방을 이해하고 위로하는 말은 상대방의 마음을 따뜻하게 만들고 마음속에 깊이 각인된다. 어려움 없이 승승장구하기만 하는 사람은 아무도 없듯이 누구나 고난과 좌절을 마주할 때가 있다. 이때 누군가가 자신의 입장에서 어려움을 함께 나누고 위로와 격려, 조언을 해준다면 분명 마음이 따뜻해질 것이다.

제3장

좋은 말 한 마디는
한겨울의 추위도 녹일 수 있고
상대방의 입장에서 생각하는 배려는
마음을 따뜻하게 만든다

낮은 자세로 '격의 없는 대화'를 하면 호감을 얻을 수 있다

대개 남과 교류할 때 어느 정도 낮은 자세를 취하면 남의 존중과 인정, 지지를 더 쉽게 얻는다. 반면 '아무도 못 말리는 거만한 태도'를 취하면 난관에 부딪힐 가능성이 매우 높다.

하루는 프랭클린이 선배를 방문했다. 당시 프랭클린은 젊고 기세가 왕성하여 고개를 빳빳이 들고 선배의 집에 들어갔다. 그러다 부지불식간에 낮은 문에 머리를 부딪쳐 손으로 아픈 머리를 감싸 쥐었다.

선배가 문 밖으로 나와 이 장면을 보고 의미심장하게 말했다.

"많이 아프지? 하지만 그게 네가 여기 와서 얻은 가장 큰 수확일 거야. 사람이 세상에서 아무 탈 없이 잘살려면 머리를 숙여야 할 때 머리를 숙일 줄 알아야 한다는 사실을 항상 기억해야 해. 이것이 내가 네게 꼭 해주고 싶은 말이야."

프랭클린은 그날 선배의 집을 방문하여 얻은 교훈을 평생의 가장 큰 수확으로 여겼다.

어떤 직업에 종사하든 어떤 직위에 있든 사람은 머리를 숙이고 '격의 없는 대화'를 하는 법을 배워야 할 때가 있다. 어떤 상황에서나 사람들은 기세등등하게 잘난 척하며 말하는 것을 좋아하지 않는다. 설령 말하는 사람이 높은 지위에 있다 하더라도 이렇게 말하는 것은 상대방의 자존심을 상하게 할 수 있다.

이러한 심리적 요구를 생각한다면 지위가 높은 사람이 말을 할 때 상대방의 입장에서 생각해야 한다. 즉, 지위가 낮은 사람과 대화할 때는 낮은 자세로 '격의 없는 대화'를 하여 상대방의 자존심을 세워주어야 한다. 이러한 대화 방법이라면 상대방에게 진심 어린 환영을 받을 수 있다.

어느 현직 대통령이 치열한 각축 끝에 마침내 연임 자격을 얻었다. 축하 행사 첫째 날, 대통령은 약 백 명의 어린이들을 대통령 관저에 초청하여 '회담'을 열었다.

행사 중 한 어린이가 대통령에게 물었다.

"대통령님은 어렸을 때 어떤 과목을 제일 못 하셨어요? 대통령님도 선생님께 혼이 나신 적이 있나요?"

"저는 도덕을 제일 못 했어요. 왜냐하면 말하는 것을 좋아해서 자주 다른 사람에게 피해를 주었거든요. 잘못을 했으면 당연히 선생님께 혼이 나야지요. 저도 선생님께 자주 혼이 났지요."

대통령은 진지하게 대답했다.

"대통령님도 우리와 똑같이 혼이 나네요."

어린이들은 큰 소리로 웃기 시작했고 현장의 분위기는 더욱 활기차졌다.

빈민 지역에서 온 한 아이가 쑥스러운 표정으로 대통령 앞으로 나와 얘기했다. 학교 가는 길에 무서운 일이 일어날까 봐, 나쁜 사람을 만날까 봐 매일 학교 가는 것이 두렵다고 말했다.

그러자 대통령은 얼굴에서 웃음기를 거두고 진지한 표정을 지었다. 그는 손으로 그 아이의 손을 가볍게 쥐며 다정하게 말했다.

"저도 우리나라의 치안에 아직 문제가 많이 존재한다는 사실을 알고 있습니다. 총기 사건, 강도, 납치가 자주 발생하고 마약 문제도 심각합니다. 저는 정부를 대표해 반드시 최선을 다해 이러한 상황을 개선해 나갈 것을 약속합니다. 여러분도 열심히 공부해서 훌륭한 어른이 되어서 나쁜 사람들을 없애고 더 좋은 나라를 만들 수 있도록 동참해 주세요. 그러면 우리의 삶은 더욱 아름다워질 수 있을 것입니다."

어린이들은 대통령의 대답을 듣고 그의 친절함을 느꼈고 모두 그를 좋은 친구로 여겨 한 사람씩 자신의 질문을 털어놓기 시작했다. 대개 유치한 질문들이었지만 대통령은 귀찮아하지 않고 모두 성심성의껏 대답했다.

한 나라의 대통령으로서 이렇게 어린이들에게 친절함을 베푼 것은 그가 많은 사람들의 지지를 받을 수 있었던 중요한 원인 중 하나였다.

요약하면, 지위가 높은 사람이 지위가 낮은 사람과 교류하고 소통할 때 상대방의 입장을 헤아려 낮은 자세로 대화한다면 양측의 심리적 거리를 좁힐 수 있는 것은 물론 더 쉽게 소통할 수 있다.

반대로 상대방을 무시하는 거만하고 우쭐대는 태도로 말하면 상대방의 마음을 부담스럽고 불쾌하게 만들 수 있으며 심지어 충돌을 자초할 수도 있어 원만하게 대화하기 어렵다.

지위가 높은 사람이 지위가 낮은 사람과 교류하고 소통할 때 상대방의 입장을 헤아려 낮은 자세로 대화한다면 양측의 심리적 거리를 좁힐 수 있는 것은 물론 더 쉽게 소통할 수 있다.

중재하는 법을 배우면
양측 모두가 좋아한다

'중재하는 것'은 선의의 관점에서 출발해 긴장된 분위기를 완화시키고 인간관계를 화해시키는 언어적 행위로 일상생활에서 긍정적인 의미를 가진다.

이발사에게 한 제자가 있었다. 수련 3개월 후, 제자는 기술을 거의 다 배웠다고 생각해 이발사에게 정식으로 손님들에게 이발을 해도 되는지 허락을 구했다. 이발사는 고민 끝에 이를 허락했고 제자는 매우 기뻤다.

제자가 첫 번째 고객에게 이발을 마치자 고객은 거울을 비춰보며 말했다.

"머리가 너무 기네요."

제자는 무슨 말을 해야 할지 몰랐다. 옆에 있던 이발사가 웃으며 말했다.

"머리가 길면 훨씬 분위기가 있어 보여서 고객님처럼 품위가 있는 분들께 잘 어울립니다."

고객은 그 말을 듣고 웃으며 떠났다.

제자가 두 번째 고객에게 이발을 마치자 고객은 거울을 비춰보며 말했다.

"머리가 너무 짧네요."

제자는 이번에도 무슨 말을 해야 할지 몰랐다. 그러자 이발사는 웃으며 설명했다.

"머리가 짧으면 더 생기 있어 보이고 씩씩해 보여 좋습니다."

고객은 이를 듣고 만족해하며 돈을 냈다.

제자가 세 번째 고객의 이발을 마치자 고객은 돈을 내며 입을 삐죽거렸다.

"이발하는 데 시간이 이렇게 많이 걸렸는데 대체 뭘 어떻게 한 건지 모르겠네요."

제자는 여전히 무슨 말을 할지 몰랐다. 그러자 이발사는 또 웃으며 설명했다.

"'높으신 분'을 위해 시간을 할애하는 것은 충분히 가치가 있지요. 들어올 때도 멋지셨지만 지금은 더 근사해지셨습니다!"

고객은 이를 듣고 화가 누그러져 웃으며 떠났다.

제자가 네 번째 고객에게 이발을 마치자 고객은 돈을 내며 말했다.

"이발을 너무 빨리 하시네요. 샴푸부터 이발까지 20분 만에 하다니 너무 대충하신 것 같은데요."

제자는 또 어떻게 대응해야 할지 몰라 멍하니 서 있었다. 그때도 이발사는 웃으며 설명했다.

"시간이 곧 돈이라지요. 속전속결이야말로 '최고의 실력'인데 고객님은 만족하지 않으셨습니까?"

고객은 그 말을 듣고 웃음 지으며 공손하게 인사를 하고 가게를 떠났다.

그제야 제자는 자신에게 아직 연마할 기술이 더 남아 있음을 깨달았다. 특히 말하는 기술이 아주 부족해서 다시 이발사에게 배우기로 하였다.

이발사는 영리하고 융통성 있게 '중재'를 잘했다. 그는 매번 상황을 원만하게 수습하여 제자를 곤경에서 벗어나게 했고 고객의 불만을 만족으로 바꿨다. 제자는 그제야 자신이 아직 연마할 기술이 많이 남아 있다는 사실을 깨달았다.

중재를 잘하려면 좋은 말을 잘 사용할 줄 알아야 한다. 좋은 말은 듣기 좋은 말이며 듣기 좋은 말을 듣고 싶은 것은 거의 모든 사람들이 가진 공통적인 심리다. 위의 이야기에서 '훨씬 분위기가 있어 보인다.', '시원시원해 보인다.', '들어올 때도 멋졌지만 지금은 더 근사하다.'처럼 이발사는 사람들의 심리를 지혜롭게 이용하여 고객이 불만을 토로할 때 좋은 말로 상대방의 마음을 타일러 변화시켰다. 이렇게 고객의 불만은 누그러졌고 불쾌한 감정은 '좋은 말'의 '위로' 덕분에 자연스럽게 해소되었다. 다음 사례도 이러한 이치를 잘 설명해준다.

서태후는 예인 양샤오로우에게 '복福' 자를 하사하고자 했다. 그러나 글을 쓸 때 실수로 점 하나를 더 찍었다. 옆에 있던 왕이 이를 보고 황급히 서태후를 일깨웠다.

매우 난감해진 서태후는 멋쩍어하며 이미 하사한 글자를 가져왔다. 양샤오로우는 더 미안해하며 잘못 쓰인 글자를 다시 건넸다. 일순간 분위기가 어색해졌다. 그때 현명한 환관 리롄잉이 자리에서 일어나 웃으며 말했다.

"과연 황태후의 복은 다른 사람들보다 더 한 '점'이 있군요!"

말이 끝나자 어색한 분위기는 금세 사라졌고 서태후와 대신들 및 예인 양샤오로우는 모두 웃었다.

난처한 상황을 수습하고 중재하려면 장점을 부각시키고 단점은 피하는 데 주의해야 한다. 생활 속에서 좋고 나쁨, 옳고 그름, 이로움과 해로움은 상대적인 것이다. 양면성은 어떤 상황에서도 존재하므로 장점을 부각시키고 단점을 피해 문제를 대하고 상황을 수습해야 한다. 이발사는 서로 다른 상황에 맞게 지혜로운 설명을 했고 상황의 '장점을 살림으로써' 상대방이 새로운 관점으로 보도록 유도했고 불만을 만족으로 바꿔 기꺼이 자신의 관점을 받아들이도록 만들었다.

또한 중재에는 유머가 필요하다. 유머는 어색한 분위기를 부드럽게 만들고 화를 누그러뜨려 큰 웃음으로까지 바꿀 수 있고 깨달음을 주기까지도 한다. 첫 번째 이야기에서 이발사가 세 번째 고객에게 말한 '높으신 분'이라는 말은 일종의 유머로 상황에 잘 어울릴 뿐만 아니라 머리 모양과 이발한 사람을 '높여 부르는' 중의적인 의미도 있다. 이 말을 들은 고객이 어떻게 기뻐하지 않을 수 있겠는가? '들어올 때도 멋졌지만 지금은 더 근사하다.'는 말은 비유인 동시에 대비로 절묘하게 들어맞는 표현이자 해학적인 유머이다. 이 말 역시 고객이 듣고 당연히 즐겁게 웃으며 돌아갔다.

또한 중재는 양측의 마음을 이해하고 양측의 차이를 바탕으로 각각의 유리한 점을 인정하고 말할 수 있어야 한다. 이때 어느 쪽으로도 치우침이 없이 양측 모두 진실한 마음을 느낄 수 있어야 좋은 효과를 얻을 수 있다.

현실 생활 속에서 수습과 중재가 필요한 곳은 아주 많다. 때로는 자신의 잘못을 수습해야 할 수도 있고 타인의 말다툼을 중재해야 할 수도 있으며 타인이 난처한 상황에 처해서 중재가 필요할 수도 있다. 중재하는 법을 배우면 갈등을 효과적으로 해결하고 말다툼을 수습하며 불쾌한 일이 발생하는 것을 막을 수 있어 화목하고 평화로운 인간관계를 만들 수 있다.

중재하는 법을 배우면 갈등을 효과적으로 해결하고 말다툼을 수습하며 불쾌한 일이 발생하는 것을 막을 수 있어 화목하고 평화로운 인간관계를 만들 수 있다.

융통성 있게 남이
듣고 싶어 하는 말을 하자

 이런 이야기가 있다.

두 사람이 함께 여행을 갔다. 그중 한 사람은 사실대로 말하기를 좋아하고 다른 한 사람을 거짓말하기를 좋아했다. 두 사람이 원숭이 나라로 여행을 갔을 때 손발이 털로 덥힌 원숭이 무리에게 붙잡히고 말았다.

원숭이 왕은 두 외부인이 자기 자신과 자신의 나라를 어떻게 생각하는지 알고 싶었다. 그래서 그는 원숭이 무리를 좌우로 줄지어 세우고 자신은 패기만만한 자세로 왕좌에 앉았다.

"타지에서 온 친구들이여, 한번 말해보라. 내가 어떤 국왕인가?"

원숭이 왕이 입을 열었다.

사실대로 말하기를 좋아하는 사람은 마음속으로 고민했다.

'사람은 누구나 정직한 이를 좋아하니 분명 사실을 듣고 싶어 할 거야. 그러니 사실을 말하면 분명 큰 상을 받을 수 있을 거야!'

이렇게 생각하고 그는 큰 소리로 말했다.

"당신은 훌륭한 원숭이입니다. 당신의 신하들도 모두 훌륭한 원숭이입니다."

"뭐라고? 이 몹쓸 인간 같으니라고!"

원숭이 왕은 사실대로 말하기를 좋아하는 사람의 대답을 듣고 크게 소리를 지르며 화를 냈다. 격노한 원숭이 왕은 사실대로 말하기를 좋아하는 사람을 원숭이 무리 가운데 두어 그들 마음대로 처리하도록 명령했다.

이어서 원숭이 왕은 거짓말하기 좋아하는 사람에게 같은 질문을 했다.

"네가 한번 말해보라. 내가 어떤 왕이냐?"

거짓말하기 좋아하는 사람은 아주 똑똑했다. 그는 원숭이 왕이 사실대로 말하기 좋아하는 사람에게 격노하는 것을 보고 그가 다른 사람이 자신을 원숭이라고 부르는 것을 좋아하지 않는다는 사실을 알았다. 그래서 어떻게 대답해야 할지 파악했다.

"제 생각에 폐하는 권위 있는 국왕입니다! 패기 넘치고 위엄이 가득한 왕입니다!"

거짓말하기 좋아하는 사람은 큰 소리로 대답했다.

"응, 좋군. 그럼 내 곁의 신하들에 대해서는 어떤 의견을 가지고 있는가?"

원숭이 왕은 계속 질문했다.

"그들은 모두 대장군의 자격이 있는 폐하의 충성스러운 신하입니다. 아주 대단합니다!"

거짓말하기 좋아하는 사람은 계속 그의 마음을 공략하는 전략을 사용했다.

"오, 그렇군!"

원숭이 왕은 대답했다. 예상했듯이 원숭이 왕과 좌우로 줄지어 선 원숭이 무리들은 거짓말하기 좋아하는 사람의 말을 듣고 매우 흥분했고 서로 귀에 대고 소곤거리며 기뻐서 깡충깡충 뛰었다. 얼마 후, 원숭이 무리들은 그제야 안정을 되찾았고 원숭이 왕은 큰 소리로 말했다.

"존경하는 손님, 당신의 말이 옳소. 우리 원숭이국은 당신의 방문을 환영하오."

말을 마친 후 원숭이 왕은 거짓말하기 좋아하는 사람에게 풍성한 상을 내리라고 분부했다.

사실대로 말하기 좋아하는 사람은 사실대로 말하면 원숭이 왕이 더 기뻐할 것이라고 생각했지만 오히려 원숭이 왕을 화나게 하고 말았다. 그 이유는 바로 원숭이 왕이 비록 자신은 원숭이지만 다른 사람이 자신을 원숭이라고 부르는 것을 좋아하지 않았기 때문이다. 그가 자기 자신과 나라에 대해 어떤 의견을 가지고 있는지 질문을 통해 추측할 수 있는 대목이다.

거짓말하기 좋아하는 사람은 원숭이 왕의 의도를 간파했고 원숭이 왕의 뜻대로 아첨을 하여 원숭이 왕과 원숭이 무리의 환심을 살 수 있었다.

그 결과, 사실대로 말하기 좋아하는 사람은 사실대로 말한 탓에 원숭이 왕의 분노를 샀고 가혹한 처벌을 받았다. 반면, 거짓말하기 좋아하는 사람은 융통성 있게 대응하여 원숭이 왕의 환심을 샀고 큰 상을 받았다.

이렇게 보면 사실이라고 해서 항상 환영을 받는 것은 아니며 오히려 난관에 부딪칠 때도 있다. 따라서 말을 할 때에는 반드시 실제 상황에 따라 융통성 있게 대응하는 법을 배워야 하고 상대방이 받아들이기 쉬운 말, 즉 상대방이 듣고 싶어 하는 말을 해야 한다. 이렇게 해야 상대방의 인정을 최대한 많이 받을 수 있다.

'말 한 마디에 울고 웃는다.'는 말처럼 말 한 마디는 사람을 기쁘게 만들기도 하고 화나게 하기도 한다. 사람을 웃고 울리는 관건은 말을 어떻게 하는가에 달려 있다. 말을 잘하면 자연히 사람을 웃게 만들고 말을 못하면 사람을 울게 만들게 마련이다. 사람으로서의 도리와 원칙에 위배되지 않는 선에서 상황에 따라 융통성 있게 상대방이 듣고 싶어 하는 말을 한다면 상대방에게 더 큰 호감을 얻을 수 있을 것이다.

말을 할 때에는 반드시 실제 상황에 따라 융통성 있게 대응하는 법을 배워야 하고 상대방이 받아들이기 쉬운 말, 즉 상대방이 듣고 싶어 하는 말을 해야 한다. 이렇게 해야 상대방의 인정을 최대한 많이 받을 수 있다.

상대방의 입장에서 말하면
방어 심리를 제거할 수 있다

일반적으로 설득이 필요한 대상과 논쟁할 때 양측 모두 일종의 방어 심리를 갖게 된다. 따라서 상대방을 설득하기 위해서는 우선 상대방이 가지고 있는 방어 심리를 제거하는 방법을 생각해야 한다.

상대방의 입장에서 말하면 상대방에게 자신을 생각한다는 느낌을 줄 수 있어 방어 심리를 없애는 데 도움이 되고 문제 해결에 이로운 방향으로 발전시킬 수 있다.

카네기는 명성을 얻기 전 매월 뉴욕의 한 호텔 연회장을 20일 동안 임대하여 사교 훈련을 위한 강의에 사용했다.

어느 날 그는 갑자기 그 호텔의 담당자에게 한 통의 편지를 받았다. 편지의 내용은 앞으로 임대료로 기존에 지불하던 금액의 몇 배를 내야 한다는 것이었다.

　카네기는 매우 놀랐고 어찌할 방법이 없었다. 강의 입장권은 모두 인쇄되고 배후되었으며 다른 강의 과정의 세부 사항들도 모두 이미 처리를 마친 상태여서 지금 강의를 취소하기 쉽지 않았다. 그는 고민 끝에 호텔 담당자와 협상을 하기 위해 찾아갔다.

　카네기는 담당자를 만나자마자 이렇게 말했다.

　"담당자님, 안녕하십니까. 솔직히 보내주신 편지를 받고 매우 놀랐습니다만 이해합니다. 담당자님은 호텔 관리자로서 호텔의 이윤을 최대한 많이 창출해야 할 책임이 있으시니 이는 결코 비난받을 일이 아니라 아주 정상입니다. 만약 제가 담당자님이라도 아마 그렇게 했을 것입니다. 그러나 꼼꼼하게 따져 보셨습니까? 그 방법이 과연 호텔에 더 많은 이익을 가져다줄까요? 다시 함께 따져보도록 하죠."

　호텔 담당자는 사뭇 진지한 표정을 지었다.

　카네기는 호텔 담당자의 표정을 개의치 않고 계속 말했다.

　"먼저 좋은 경우를 말해보죠. 만약 연회장에 제 강의를 임대해 주시지 않고 무도회나 파티, 생일잔치 등으로 임대를 하면 수익이 분명 적지 않을 수 있습니다. 1회 임대료가 200달러이니 20일이면 4,000달러이고 4,000달러라면 분명 매력적인 금액입니다. 그러나 매일 임대가 나가리라고 보장할 수 있습니까? 더 중요한 것은 이러한 연회는 연회장 설비를 훼손할 수 있다는 사실입니다. 이는 곧 얻는 것보다 잃는 것이 더 많은 상황입니다."

　카네기는 계속 설명했다.

"이제 불리한 전망을 보겠습니다. 만약 제게 임대료를 올린다면 저는 돈이 많지 않으므로 분명 이곳을 떠나 저렴한 곳에서 강의를 하게 되겠지요. 따라서 이는 사실상 저를 여기서 내쫓는 것입니다. 더 중요한 사실은 제 강의를 들으러 오는 사람 중 많은 이가 고위 관리입니다. 제가 여기에서 강의를 하기 때문에 많은 고위 관료들이 이 호텔을 찾으니 이는 곧 담당자님을 위해 무료로 광고를 해주는 것이 아니겠습니까? 담당자님께서 아무리 많은 돈을 투자하더라도 제 강의를 들으러 오는 사람들처럼 이렇게 많은 사람들을 불러 모으지는 못할 것입니다. 그러므로 넓게 보면 호텔의 수익은 목전의 몇천 달러와 비교할 수 없이 아주 많을 것입니다. 제 말은 여기까지입니다. 이제 남은 일은 담당자님 스스로 판단하시는 일입니다!"

카네기는 말을 마치고 자리를 떠났다. 얼마 후 카네기는 호텔 담당자에게 연회장 임대료를 올리지 않겠다는 통지를 받았다.

카네기는 호텔 측 입장에서 호텔 관리자를 도와 이해득실을 분석했고 상대방의 방어 심리를 없애 결국 상대방을 설득하려는 소기의 목적을 달성했다.

요컨대 상대방의 입장에서 대화하면 상대방의 방어 심리를 효과적으로 제거할 수 있고 나아가 상대방의 호감을 얻고 결국 자신에게 이로운 형국을 만들 수 있다.

상대방의 입장에서 말하면 상대방에게 자신을 생각한다는 느낌을 줄 수 있어 방어 심리를 없애는 데 도움이 되고 문제 해결에 이로운 방향으로 발전시킬 수 있다.

남을 비판하기 전에 먼저
자기 자신의 잘못을 탓하자

대부분의 사람들은 자신의 과실에 대해 변호하게 마련이다. 그런데 어떤 일에 직면했을 때 상대방을 대신해 자신이 책임을 지고 상대방에게 양해를 구하고 자신의 과실을 탓할 수도 있다. 이렇게 하면 다른 사람이 과실에 대해 관용적인 태도를 보이게 만들 수 있다. 그 결과 상대방은 더 이상 그 과실을 문제 삼지 않게 되거나 심지어 스스로 반성하게 되어 결국 화합에 이를 수 있다.

20세기 후기, 일본 경제는 전체적으로 하락하여 전자 업계에 영향을 미쳤다. 이에 파나소닉사는 전국적으로 영업 회의를 소집했다. 회의가 시작되자 마쓰시타 고노스케 회장은 회사의 전반적인 영업 손실 현황을 소개했다.

마쓰시타 고노스케 회장이 말을 마치자 한 영업 담당자가 일어나 말했다.

"의견이 있으면 우리 모두 이야기합시다. 오늘날 손실이 이렇게까지 심각한 국면에 이른 주된 원인은 본사의 지시 방침에 문제가 있었기 때문입니다. 회사 책임자로서 자기 자신이 과실을 먼저 되돌아봐야 합니다."

회의가 시작되자마자 긴장감이 가득 찼다.

"본사의 지시 방침에 문제가 있을 수 있습니다. 하지만 이십여 개 매장의 경영 실적은 양호합니다. 여러분의 부족한 자주 및 독립 정신 때문에 시기에 적절히 대응하지 못해 이토록 심각한 손실이 발생한 것이니 결코 다른 사람을 원망할 수 없습니다!"

마쓰시타 고노스케는 참지 못하고 반격했다.

"오늘 우리가 여기 온 목적은 당신의 설교를 듣기 위해서가 아닙니다."

어떤 사람이 고성을 지르며 말했다.

삼 일간의 회의에서 논쟁과 말다툼이 끊이지 않았다.

마쓰시타 고노스케 회장은 무대 위에서 끊임없이 영업 대표의 의견을 반박했고, 각지 대표들은 무대 아래에서 계속해서 본사의 잘못과 마쓰시타 고노스케의 잘못을 질책했다.

삼 일째 마지막 회의에서 마쓰시타 고노스케 회장은 무대 앞으로 나와 말했다.

"이번 삼 일간의 회의에서 우리는 서로 질책하고 해야 할 말은 이미 다 했습니다. 저도 더 이상 말하고 싶지 않습니다. 이제 저의 마지막 생각을 말씀드리겠습니다. 과거의 모든 일은 우리 모두가 함께 책임져야 합니다. 저 역시 회장으로서 책임을 면하기 어렵습니다. 여러분께 손실을 입힌 것에 대해 진심으로 죄송합니다. 앞으로 철저하게 반성하고 여러분의 의견을 진지하게 검토하여 여러분 모두가 안정적으로 경영할 수 있도록 최선을 하겠습니다. 마지막으로 회사의 부족한 부분을 부디 너그럽게 용서해 주시길 부탁드립니다."

마쓰시타 고노스케 회장은 말을 마치고 무대 아래로 내려와 머리를 깊이 숙여 인사했다.

그 순간, 무대 아래에서는 아무 소리도 나지 않았다. 많은 사람들의 눈가가 촉촉해졌고 어떤 사람은 고개를 숙이고 손으로 눈물을 훔치기도 했다.

"회장님 이러지 않으셔도 됩니다. 저희가 경영을 잘못한 탓입니다."
"우리의 노력이 부족했고 반성해야 할 사람은 바로 우리입니다."
"우리 함께 노력합시다! 반드시 재기합시다!"
무대 아래에서 큰 소리가 계속되었다.

마스시타 고노스케 회장은 바로 이렇게 진정한 자기비판으로 '사기가 꺾인' 파나소닉사를 다시 한 번 결집시켰다.

하지만 때때로 정말 어떠한 잘못도 없음에도 일에 연루되는 경우도 있다. 이때에도 역시 다른 사람을 비판할 수 있지만 먼저 진심으로 자기 자신을 탓하면 일을 해결하는 데 도움이 될 수 있다.

사람의 마음은 온유하다. 따라서 입장을 바꿔서 생각하면 상대방을 깊이 감동시킬 수 있고 나아가 서로의 교류와 소통을 더욱 원활하게 만들 수 있다.

사람의 마음은 온유하다. 따라서 입장을 바꿔서 생각하면 상대방을 깊이 감동시킬 수 있고 나아가 서로의 교류와 소통을 더욱 원활하게 만들 수 있다.

위로의 기술에 주의하면 마음을 더 잘 위로할 수 있다

위로의 목적은 괴로운 심정을 달래주고 어루만져 주는 것이다. 그런데 어떻게 위로해야 좋은 효과가 있을까? 여기에는 일정한 기술이 있는데 상황에 따라 적절한 방법을 사용해야 한다.

일반적인 위로는 텔레비전에서 흔히 볼 수 있는 선의의 인사말이다. 예를 들어 지인이 아플 때 병원에 가거나 집으로 병문안을 가서 통상적으로 이렇게 말할 것이다.

"푹 쉬세요. 곧 괜찮아지실 테니 너무 걱정하지 마세요."

이렇게 가장 흔히 볼 수 있는 인사말은 선의와 위로의 뜻을 전달하지만 상대방의 마음을 충분히 어루만지는 위로라고 볼 수는 없다. 만일 아픈 사람이 보통 친구이거나 또는 위로를 전하는 사람이 의사나 낯선 사람이라면 적합하지 않은 것은 아니다. 그러나 만일 아픈 사람이 중요한 가족이나 친구라면 이러한 위로는 밋밋하고 성의가 없이 형식적이라는 느낌을 줄 수 있다.

좋은 위로는 구체적인 상황에 어울리는 위로다. 예를 들어 친한 친구가 어떠한 연유로 비교적 오랜 시간을 병상에서 누워 지내야 한다면 이런 상투적인 위로의 인사말은 최대한 하지 않는 것이 좋다. 그런 인사말은 대개 친구가 좋아할 리 없고 오히려 뉴스거리나 업무 중 재미있었던 일이나 집에서 일어난 재미있는 이야기를 말할 수 있다. 이러한 위로는 분명 친구에게 다른 느낌을 줄 것이고 자연스럽게 당신의 사려 깊은 마음을 느낄 수 있을 것이다.

그러나 꼭 위로의 인사를 해야 한다면 동정이나 연민의 표정을 짓거나 성의 없이 말하지 말고 구체적인 상황에 따라 적절하게 바꾸는 것이 좋다. 예를 들어 이렇게 말할 수 있다.

"친구야, 나는 하루 종일 바빠 죽겠는데 이렇게 누워서 아무것도 안 하다니. 빨리 일어나서 나 좀 도와줘라."

이러한 위로를 들으면 상대방은 이렇게 말할 것이다.

"네가 나 대신 누워서 아무것도 하지 마라. 나는 일어나서 일하고 싶다고!"

대답은 이렇게 하더라도 좋은 친구로서 당신의 위로에 화내지 않을 것이고 오히려 충분한 위로를 받을 것이다.

아주 특별한 사이가 아니라면 위로를 할 때 가볍게 하지 않도록 주의하자.

"이건 고생도 아닙니다. 이런 일로 고민할 필요가 있습니까?"

"이 병은 심각하지 않습니다. 지나친 걱정입니다."

이런 말은 상대방의 극한 반감을 불러일으킬 수 있고 이렇게 생각할 수 있다.

'남의 속도 모르고 무슨 말도 안 되는 소리야!'

사람의 고민은 저마다 다르다. 또한 각 사람의 성격이나 위로를 받아들이는 능력도 모두 다르다. 따라서 위로는 모든 사람에게 일괄적으로 똑같이 하는 것이 아니라 사람과 상황에 따라 서로 다른 방식을 취할 수 있어야 한다.

다음은 자주 볼 수 있는 위로의 기술로 참고하는 것이 좋다.

경청에 주의하자

많은 경우 마음속에 있는 어려움을 털어 놓으면 마음이 한결 시원해지고는 한다. 이러한 관점에서 보면 조용하고 진지하게 상대방의 이야기를 들어주는 것도 위로의 좋은 방법이다.

상대방이 실컷 울 수 있도록 하자

우는 것은 감정을 털어놓는 중요한 방법이다. 따라서 상대방이 마음을 억누르기 힘들어 울 때 울음을 그치게 하려고 하지 말고 실컷 울 수 있도록 두자. 이러한 당신의 배려는 상대방의 마음속에 각인될 것이다.

슬픔을 함께 나눈다는 사실을 표현하자

가까운 사람 또는 친구로서 상대방이 처한 아픔을 진심으로 함께 느낄 수 있어야 한다. 이때 어떤 말도 할 필요가 없고 다만 아픔을 같이 느낀다는 사실을 표현하는 것이야말로 가장 좋은 위로이자 상대방에게 줄 수 있는 가장 좋은 선물이다.

느낌을 솔직하게 말하자

무슨 말로 상대방을 위로해야 좋을지 모를 때, 상대방이 "너는 내가 지금 이 순간 어떤 느낌인지 모를거야!"라고 말할 때 당신은 이렇게 솔직하게 말할 수 있다.

"나는 지금 이 순간 네가 어떤 심정일지 이해할 수 없을지도 모른다. 어떤 말로 너를 위로해야 할지 모르겠다. 그렇지만 나는 정말 너를 걱정하고 있어!"

이렇게 진심 어린 말은 분명 상대방이 따뜻함을 느낄 수 있게 해줄 것이다.

주의할 점은 위로할 때 상대방이 다른 의견을 내면 최대한 '반대하는' 말을 하지 않는 것이다. 왜냐하면 이때는 잘잘못을 '바로잡을' 때가 아니며 더욱이 잘못된 것이 상대방이 아니라 자기 자신일 수도 있기 때문이다.

상대방의 아픔이나 고통을 어루만지려면 최대한 그들에게 자신만의 공간을 주고 자신의 느낌을 표현할 수 있게 해주어야 한다. 곤경을 해결하는 방법은 화제를 돌리거나 원칙을 위배하지 않는 한 상대방의 말을 따르는 것이다.

위로는 모든 사람에게 일괄적으로 똑같이 하는 것이 아니라 사람과 상황에 따라 서로 다른 방식을 취할 수 있어야 한다.

상대방을 위한 진심 어린
충고가 더 효과가 좋다

남이 잘못을 했을 때 방법을 일러주지 않고 직접적으로 훈계만 하면 그 효과가 좋지 않을 뿐 아니라 상대방의 반감을 불러 일으켜 더 큰 어려움을 자초할 수도 있다. 그러나 상대방의 입장에서 진심 어린 충고로 상대방이 자기 자신을 위한 말이라는 사실을 느끼게 만들 수 있다면 좋은 효과를 얻을 수 있다.

축구왕 펠레는 어린 시절부터 축구를 아주 좋아했다. 힘 있는 발놀림과 과감한 경기 운영 능력은 그를 점점 더 유명하게 만들었다. 펠레도 자신이 축구에 천부적인 재능이 있다는 사실을 알고 자신만만했다.

어느 날, 그가 동료와 치열한 경기를 끝내고 운동장 밖에 앉아 쉬고 있었다. 듣기로 담배를 피우면 피로 회복에 좋다고 하여 무리들이 모두 담배를 피우고 있었고 어린 펠레도 모락모락 피어오르는 담배 연기가 멋져 보여 함께 따라 피우고 있었다. 이 광경은 펠레의 아버지에게 발각되었고 그는 엄한 표정으로 한 마디 말도 없이 떠나 버렸다.

저녁이 되어 집으로 돌아온 펠레는 자신을 기다리고 있던 아버지를 보고 낮에 담배를 피운 일로 아버지에게 혼날 마음의 준비를 하고 있었다. 그러나 예상과 달리 아버지는 소리 높여 훈계하지 않았고 온화하게 말했다.

"아들아, 너는 아주 훌륭한 재능을 가지고 있단다. 열심히 연습하면 미래에 크게 될 수 있을 것이다. 그러나 오늘 너는 내게 담배를 피우는 가슴 아픈 장면을 보여 주었다. 너는 이번이 처음이고 오늘 한 대뿐이라고 말할 수도 있겠지. 하지만 명심해라. 처음이 있기에 두 번째가 있고 세 번째가 있다는 사실을 말이다. 축구를 하려면 좋은 신체 조건이 필요하다. 네가 담배를 피워서 건강에 해를 입힌다면 너의 체력은 나빠질 것이고 결국 너는 축구를 잘할 수 없게 되겠지. 체력이 나빠지고 나서야 어리석은 행동을 멈춘다면 그때는 이미 너무 늦을 거란다."

펠레의 아버지는 잠시 말을 멈추었다가 계속 이어나갔다.

"이렇게 너 자신을 망가뜨리는 행동을 보니 아버지인 나는 마음이 아프구나. 나는 아버지로서 너를 좋은 방향으로 이끌 책임이 있다. 하지만 최종적인 결정권은 네 손에 달려 있다. 네가 축구를 계속 하고 싶은 꿈이 있다면 당장 그 어리석은 행동은 그만두어라. 그러나 만일 네가 너 자신을 망가뜨리고 싶다면 그래도 좋다. 내가 돈을 줄

테니 계속 담배를 사서 피워도 좋다."

펠레의 아버지는 주머니에서 돈을 꺼내 탁자 위에 놓고는 집을 나갔다.

어린 펠레는 마음이 아팠다. 그는 아버지가 축구에 대한 자신의 꿈과 자신의 아름다운 미래를 위해 오늘의 어리석은 행동에 진심으로 마음 아파한다는 것을 알고 있었다. 결국 그는 아버지에게 잘못을 빌기로 했고 앞으로 열심히 훈련하고 절대 담배를 피우지 않기로 결심했다.

펠레는 결심한 대로 열심히 훈련하였고 담배를 멀리 하였다. 수년 후, 펠레가 성공하여 유명해지고 모든 사람들이 열광하는 축구스타가 되었을 때도 그는 여전히 담배를 피우지 않는 좋은 습관을 유지했다.

이를 통해 충고는 상대방의 마음속에 들어가 상대방의 영혼을 따뜻하게 해야 한다는 사실을 알 수 있다. 상대방의 마음을 감동시켜 움직일 수 있을 때 상대방은 비로소 자신의 잘못을 철저하게 깨닫고 진심을 다해 고칠 수 있다.

상대방의 입장에서 진심 어린 충고로 상대방이 자기 자신을 위한 말이라는 사실을 느끼게 만들 수 있다면 좋은 효과를 얻을 수 있다.

'충언은 귀에 거슬린다.'는 말처럼 살다 보면 '듣기 싫은 말'과 '하기 어려운 말'이 있게 마련이다. 비록 충언을 귀에 거슬린다지만 분명 어떤 말은 직접 하기 어려워 지혜롭게 해야 할 필요가 있다. 직접적인 말은 완곡하게, 상투적인 말은 새로운 방식으로, 비판하는 말은 '듣기 좋게' 해야 한다. 그러면 상대방의 거부감을 줄이고 갈등을 없애 상대방의 지지를 얻어 마침내 자신의 의견을 관철시킬 수 있다.

제4장

하기 어려운 말도 지혜롭게 하면 잘 일깨울 수 있다

의견이 다를 때는 상대방이
스스로 설득당하도록 유도하자

　　　　러시아 10월 혁명이 승리를 거두자 차르의 반역사적 통치의 상징인 황궁은 혁명자들에게 '눈엣가시'로 여겨져 사라질 위기에 처했다.

　어느 날 밤, 혁명에 참가한 농민들이 고성을 지르며 불을 들고 황궁으로 돌진했다. 그들은 그 유명한 황궁에 불을 붙여 수년간 억압당한 분노를 씻고자 하였다.

　일부 의식 있는 혁명가들은 이 행위가 잘못되었다는 것을 알고 분노한 군중들을 저지하고자 했으나 뜻대로 되지 않았다.

　바로 그 순간, 현장에 도착한 레닌은 상황을 파악한 뒤 분노한 군중 앞에서 간절하게 말했다.

　"동포 여러분, 황궁을 불 질러도 됩니다. 그런데 그전에 제 말을 좀 들어봐 주시겠습니까?"

사람들은 레닌이 황궁을 불 지르는 데 동의한다는 말을 듣고 점차 조용해졌고 레닌이 몇 마디 하겠다고 하니 일제히 소리쳤다.

"말해보시오! 말해보시오!"

레닌은 큰 소리로 말했다.

"여러분은 황궁 안에 사는 사람이 누군지 아십니까?"

현장에 있던 사람들은 당연히 이 질문의 답을 알고 있었다. 그들은 일제히 대답했다.

"차르! 바로 우리를 통치했고 우리를 노예로 삼은 자요."

레닌은 다시 물었다.

"그렇다면 황궁은 또 누가 세웠습니까?"

"인민 군중들, 바로 우리지!"

사람들이 큰 소리로 대답했다.

"그럼 좋습니다. 우리 인민 군중들이 세운 것이니 인민의 대표가 거기에서 살도록 하는 것은 어떻습니까. 여러분은 어떻게 생각하십니까?"

현장에 있던 사람들은 잠시 멍해 있다가 연이어 큰 소리로 말했다.

"괜찮소!"

레닌은 또 물었다.

"그러면 여러분은 지금 황궁을 불태우시겠습니까?"

"태우지 않겠소. 태우지 맙시다. 인민 대표가 살도록 합시다!"

사람들은 이구동성으로 대답했다.

이렇게 레닌이 성난 군중들을 차근차근 잘 일깨운 덕분에 세계적으로 유명한 건축물인 러시아 황궁은 오늘까지 보전될 수 있었다.

　이 과정에서 레닌은 사람들을 강압적으로 저지하지 않았고 차근차근 상황을 봐 가면서 자신이 원하는 답을 '도출'해 내기 위해 사람들을 유도했고 결국 그들 자신이 '설득당하도록' 만들었다.
　이렇게 상황에 따라 차근차근 일깨우는 말하기 방식의 장점은 상대방이 의견을 받아들이기 쉽게 만들고 갈등이 생기는 것을 막을 수 있다는 것이다. 더 중요한 것은 상대방을 설득하려는 본래의 목적을 달성하기 쉽고 상대방이 자신의 의견을 기꺼이 수용하게 된다는 것이다.

　상황에 따라 차근차근 일깨우는 말하기 방식의 장점은 상대방이 의견을 받아들이기 쉽게 만들고 갈등이 생기는 것을 막을 수 있다는 것이다. 더 중요한 것은 상대방을 설득하려는 본래의 목적을 달성하기 쉽고 상대방이 자신의 의견을 기꺼이 수용하게 된다는 것이다.

완곡하게 돌려 말하면
서로의 기분을 상하지 않게 할 수 있다

때로는 숨김없이 있는 그대로 말하는 것이 바람직하지 않고 심지어 타인이나 자기 자신의 기분을 상하게 하는 경우가 많다. 이러한 경우에는 직접적인 말을 돌려서 완곡하게 표현하는 것이 현명한 방법이자 대화의 왕도라 할 수 있다.

위나라가 강대해지자 위나라 왕은 군사를 일으켜 조나라의 수도를 공격하고자 하였다. 위나라 대신인 지량은 이 사실을 알고 재빨리 여행을 끝내고 위나라의 수도로 돌아와 왕을 뵙기를 청하였다.

지량은 위나라 왕을 뵙고 말했다.

"폐하, 수도로 돌아오는 길에 한 사내를 만났습니다. 그는 차를 타고 북쪽으로 향하고 있었습니다. 그는 초나라로 가고 있다고 말했습니다. 저는 그 사내에게 초나라는 남쪽에 있으니 남쪽으로 가야 할 것이 아니냐고 말했습니다. 그러자 그는 '내 말은 하루에 천 리를 가는 명마요.'라고 말했습니다. 저는 '그러나 당신은 방향이 틀렸소.'라고 하자 그는 또 '내 마부의 기술은 제일이오.'라고 말했습니다. 제가 '당신의 마부의 기술은 제일이나 당신은 방향이 틀렸소.'라고 하자 그는 또 '나는 여비가 충분하오.'라고 말했습니다. 저는 화를 내며 그에게 말했습니다. '아무리 당신의 말이 명마이고 마부의 기술이 제일이고 여비가 충분하다 한들 초나라는 남쪽에 있는데 북쪽으로 간다니. 방향이 틀렸으니 가면 갈수록 어찌 더욱 멀어지지 않겠는가!' 폐하, 우리나라는 이제 막 강대해졌습니다. 폐하가 영토를 넓혀 위세를 떨치고자 하지만 조나라는 결코 약하지 않고 실력도 강합니다. 만일 우리가 공격하여 이익을 얻지 못한다면 남쪽으로 가야 하지만 북쪽으로 가고 있는 그 사내와 다르지 않겠습니까."

위나라 왕은 깨달은 바가 있어 깊은 생각에 잠겼다가 결국 조나라를 공격하려는 생각을 거두었다.

사실 지량은 위나라 왕에게 조나라를 공격할 경우 발생할 수 있는 여러 가지 폐단에 대해 직접적으로 말할 수도 있었다. 그러나 그는 이렇게 하지 않고 이야기를 하는 방식으로 자신의 의견을 우회적으로 전달했다. 위나라 왕은 이야기를 통해 문제를 발견하고 이로움과 폐단을 비교하여 결국 스스로 답을 유추해 냈다. 결과적으로 보면 확실히 전자보다 후자가 더 좋은 방법이다.

다음의 예도 마찬가지로 이 문제에 대해 말해준다.

소동파는 어려서부터 총명하고 배우는 것을 좋아해 젊은 나이에 책을 많이 읽었다. 그는 글도 아주 잘 썼고 사람들은 모두 그의 출중한 재능을 칭찬했다. 소동파 자신도 이를 영광스럽게 생각해 의기양양했다. 어느 날, 소동파는 자신의 서재 문 앞에 이러한 문구를 적었다. '세상의 책을 모두 읽고 하늘 아래 글자를 전부 안다.'

이 소식이 퍼지자 사람들은 쉴 새 없이 그를 칭찬하고 치켜세웠고 많은 칭찬 속에서 소동파는 더욱 기세가 등등해졌다. 어느 날, 한 나이 든 사람이 소동파의 집에 책 한 권을 가져와 그의 가르침을 구했다.

그러나 소동파는 거의 하루 종일을 보았으나 단 한 글자도 알 수 없었다. 그는 부끄러워 얼굴이 붉어졌고 그 나이 든 사람에게 거듭 사과했다. 그 사람은 아무 말도 하지 않고 웃으며 떠났다.

소동파는 서재 문 앞의 글귀가 생각났고 자신의 경솔함에 부끄러워졌다. 그는 재빨리 그 글귀를 이렇게 고쳐 썼다.

'세상의 책을 모두 읽고 하늘 아래 글자를 전부 안다는 것은 어렵다.'

경솔함은 곧 겸손함으로 변했다.

위의 이야기에서 나이 든 사람은 소동파의 오만함을 직접적으로 말하지 않고 우회적으로 표현하여 소동파가 자신의 잘못을 진정으로 깨닫고 변화하도록 만들었다.

카네기는 그의 책 《인성의 약점》에서 모든 사람은 타인과 의견이 다를 때 강한 자존심과 체면이 생긴다고 언급했다. 따라서 직접적으로 말하는 방식으로 다른 사람의 의견에 반대를 드러내면 말투와 태도가 온화하더라도 상대방은 체면이 서지 않는다고 느낄 수 있고 자존심에 상처를 입을 수도 있다. 그러면 상대방의 의견에 대해 반발 심리가 생길 수 있어 설령 상대방의 의견이 타당하더라도 받아들이지 않을 가능성이 크고 오히려 반박을 할 수도 있다. 그러므로 생각과 의견을 우회적으로 표현하는 것이 바람직하다.

고부 관계나 연인 관계처럼 비교적 민감한 관계에서 직접적으로 말을 한다면 많은 경우 불쾌해지거나 오해를 빚거나 갈등을 일으킬 수 있다. 따라서 상황에 따라 돌려서 완곡하게 전달해야 이러한 어색한 상황이 발생하는 것을 막을 수 있고 갈등도 줄일 수 있다.

그 외에도 어떤 말은 직접적으로 표현하면 상대방이 받아들이기 어려울 수 있다. 이러한 상황에서는 결론적인 성격의 말보다는 그와 관련된 일이나 사물에서 시작하여 차근차근 상대방을 일깨워 나가면서 목적에 부합하는 적절한 조건이 갖추어졌을 때 말하고자 하는 내용을 전달해야 한다. 그러면 상대방은 대부분 이를 기쁘게 받아들이게 된다.

요컨대, 직접적으로 말하는 것이 적절하지 않을 때에는 '돌려서' 말하는 법을 배워 자신의 생각을 완곡하게 드러내면 남과 자신의 기분을 상하지 않게 하면서 문제를 원만하게 해결할 수 있다.

직접적으로 말하는 것이 적절하지 않을 때에는 '돌려서' 말하는 법을 배워 자신의 생각을 완곡하게 드러내면 남과 자신의 기분을 상하지 않게 하면서 문제를 원만하게 해결할 수 있다.

사실을 곧이곧대로 말하는 것이 불리할 때는 '교묘하게 돌려서' 말하는 것이 좋다

어떤 말은 사실을 있는 그대로 정확하게 하는 것이 좋은 반면, 어떤 말은 시간이나 장소, 상황을 고려하지 않고 융통성 없이 사실을 곧이곧대로 말하면 오히려 좋지 않은 결과를 불러일으킬 수도 있다. 이러한 상황에서는 사실을 교묘하게 돌려서 말하는 것이 효과가 더 좋다.

다음 세 가지 예를 통해 실제 생활 속에서 사실을 교묘하게 돌려서 말하는 것이 각각 어떠한 결과를 불러일으켰는지 살펴보자.

영국 시인 바이런은 어느 날 길에서 '어려서부터 앞을 볼 수 없어 도움을 구합니다.'라는 팻말을 걸고 구걸하는 한 맹인을 보았다. 손에 들고 있는 깨진 그릇은 텅 비어 있었다.

바이런은 잠시 생각한 뒤 맹인 앞으로 다가가 팻말을 이렇게 고쳐 썼다.

'봄이 왔지만 저는 볼 수가 없습니다.'

그 결과 기적이 일어났다. 바이런이 '교묘하게 돌려서 표현한' 팻말이 길 가던 사람들의 동정심을 불러 일으켜 사람들이 이에 감동하여 잇달아 주머니를 열었다.

샤오제는 필기시험에 통과한 후 면접에 참여했다. 면접장에서 감독관이 샤오제에게 물었다.

"당신의 결점은 무엇입니까?"

샤오제는 잠시 당황했다. 그녀의 가장 큰 결점은 인내심이 부족하고 일을 꾸준히 하지 못하는 것이었다. 샤오제는 있는 그대로 대답을 하려다가 그렇게 말하는 것이 적절하지 않을 것 같아 망설였다. 그러나 또 거짓말을 할 수는 없어서 이렇게 말했다.

"저는 인내심을 배워야 할 필요가 있습니다. 전에 저는 일의 속도와 효율을 지나치게 중시해 일을 다음 날로 미루는 것을 좋아하지 않았습니다. 또 저는 취미가 비교적 다양해서 쉽게 새로운 유행에 잘 빠져듭니다. 저는 한 가지 일에 꾸준히 집중하는 법을 배워야 할 것 같습니다."

샤오제는 말을 끝내고 안절부절못하며 감독관을 바라보았다. 감독관의 눈에는 만족스런 표정이 보였고 샤오제의 긴장된 마음도 이내 편안해졌다. 결국 샤오제는 면접에 통과했고 유명한 회사의 정식 직원이 되었다.

어느 고원에 위치한 사과밭에서 사과를 수확할 무렵 갑자기 우박이 쏟아져 사과가 온통 상처를 입고 말았다. 과수원 주인은 상심하여 상처 난 사과를 중개상에게 헐값에 팔았다.

중개상이 맛을 보니 새콤달콤하고 아삭아삭하여 맛이 좋았다. 그래서 꾀를 내어 이렇게 광고했다.

"고원의 우박이 '입맞춤한' 사과를 운 좋게 들여왔습니다. 이 사과는 하늘에서 온 축복으로 달고 아삭아삭합니다. 수량이 얼마 없으니 서두르세요!"

이렇게 광고하자 헐값에 들여온 사과는 아주 특별한 의미를 가진 명품 사과가 되어 빠르게 다 팔렸다.

위의 세 가지 실제 사례에서 사실을 곧이곧대로 말했다면 결과는 뻔했을 것이다. 그러나 교묘하게 돌려서 말하자 결과는 큰 차이를 가져왔다.

일이나 삶 속에서도 '사실을 곧이곧대로' 말하는 것보다 '교묘하게 돌려서' 표현하는 지혜가 필요할 때가 많다. 예를 들어 동료가 새로 디자인한 웹 사이트에 대해 의견을 요청할 때 곧장 이렇게 말할 수 있다.

"컬러 조합이 너무 지루하고……."

동료는 그 말을 듣고 속상해하거나 심지어 크게 화를 낼 수도 있다. 반면 이렇게 말할 수도 있다.

"전체적인 레이아웃이 잘 구성되었고 이미지 선택도 적절하다. 다만 컬러 조합이 조금 단조로운 것 같은데 조금 더 생기가 있어 보이면 훨씬 좋을 것 같다."

이러한 의견은 동료도 기쁘게 수용할 수 있을 것이다.

업무에서나 생활에서나 사실을 곧이곧대로 말하는 것이 적절하지 않을 때에는 교묘하게 돌려서 표현하는 것이 좋다. 그러면 일을 더 잘 처리할 수 있을 뿐만 아니라 인간관계도 원만해져 어디서나 더 환영받을 수 있다.

사실을 곧이곧대로 말하는 것이 적절하지 않을 때에는 교묘하게 돌려서 표현하는 것이 좋다. 그러면 일을 더 잘 처리할 수 있을 뿐만 아니라 인간관계도 원만해져 어디서나 더 환영받을 수 있다.

비판이라는 쓴 약에 '달콤한 옷'을 입히면 받아들이기 더 쉽다

대다수의 사람들은 비판을 듣기 싫어한다. 특히 딱딱한 비판은 상대방의 자존심을 상하게 하므로 이러한 상황에서 상대방은 비판의 옳고 그름과 상관없이 '무기'를 들어 다투려 할 것이다.

한 법학과 우등생이 명문 대학을 졸업한 뒤 순조롭게 변호사 시험에 합격하여 법률 사무소에서 일하게 되었다. 한 번은 그가 법정에서 자신만만하게 피고인의 무죄를 주장하였다. 변론 중 판사가 말했다.
"해상법 추소 기한은 6년이므로 이 규정에 따라……."
그때 젊은 변호사가 급히 말을 끊었다.
"판사님, 잠시만요. 그건 틀렸습니다. 해상법은 추소 기한 자체가 없습니다."

사실 이 젊은 변호사의 말이 맞았다. 해상법은 추소 기한이 없었고 판사는 어떤 연유에서인지 틀린 말을 했다. 젊은 변호사는 법에 대해 자신만만했는데 자기의 재능을 드러낼 수 있는 이 기회를 어떻게 그냥 지나칠 수 있었겠는가. 하지만 그렇게 말하고 보니 판사를 난처한 상황에 처하도록 만들고 말았다.

법정은 순간 적막이 흘렀고 판사는 자신이 상식적인 실수를 했다는 사실을 깨달았다. 그러나 말은 이미 내뱉은 후였고 '상황에 신경 쓰지 않은' 변호사가 자신의 실수를 지적했으니 판사는 어떻게 수습해야 할지 몰라 당혹스러운 마음으로 자리에 앉았다. 결국 판사는 다시 자리에서 일어나 사람들에게 자신의 말이 틀렸음을 인정할 수밖에 없었다.

한편 젊은 변호사는 법정에서 판사의 실수를 지적했지만 그것을 어떻게 수습해야 할지 몰라 당혹스러운 마음으로 자리에 앉았다. 결국 판사는 일어나 자신의 말이 틀렸음을 인정할 수밖에 없었다.

그날 이후, 젊은 변호사는 판사가 항상 자신과 대립하려 하고 고의든 고의가 아니든 자신을 난처하게 만들려 한다는 사실을 알고 자신도 모르게 우울해졌다.

"그분은 왜 다른 사람에게는 다 친절하게 대해주면서 유독 나한테만 이상하게 냉정한 걸까?"

사실 이유는 아주 간단하다. 모두 젊은 변호사가 법정에서 판사에게 한 '비판'에서 비롯되었고 그의 체면을 세워주지 않고 한 비판은 재판관이 그를 기억하게 만들었다. 그래서 그날 이후로 판사는 젊은 변호사에게 수시로 '앙갚음'을 시작한 것이다.

 사람들이 비판을 선뜻 수용하려 하지 않는 것은 확실히 비판은 듣기 좋은 말이 아니고 자존심을 상하게 하기 때문이다. 그러나 비판이라는 '쓴 약'에 '달콤한 옷'을 입히면 좋은 약은 입에 쓰지 않을 것이고 사람들도 더 잘 받아들일 것이다. 다음 두 개의 예를 보자.

 비판이라는 '쓴 약'에 '달콤한 옷'을 입히면 좋은 약은 입에 쓰지 않을 것이고 사람들도 더 잘 받아들일 것이다.

지혜로운 말로 손님을 돌려보내면 기분을 상하게 하지 않는다

'멀리서 친구가 왔으니 어찌 기쁘지 아니한가.'라는 말처럼 친구의 방문은 인생에서 큰 기쁨을 주는 일이다. 손님과 주인은 정답게 차를 마시고 즐겁게 이야기를 나누며 즐거움을 함께 한다. 그러나 때로는 누군가의 방문이 '시기에 맞지 않을' 수도 있다. 예를 들어 일을 보러 외출하려던 참에 이웃이 찾아와 이야기를 할 때나 동료가 예고 없이 찾아와 이야기를 할 때가 있다.

또 저녁 식사 후에 그 동안 읽고 싶었지만 읽지 못한 책을 조용하게 읽고 싶은데 이웃에 사는 친구가 찾아와 수다를 늘어놓을 때도 있다. 이때 마음은 썩 내키지 않지만 어쩔 수 없이 받아주게 되고 몇 번이나 손님을 돌려보내고 싶지만 기분을 상하게 할까 봐 억지로 웃는 얼굴로 계속 이야기를 들어주는 수밖에 없다.

확실히 손님을 돌려보내는 일은 어렵다. 손님을 돌려보낼 때 말을 잘하면 당연히 모두가 좋겠지만 잘못하면 상대방의 미움을 사 화나게 하고 기분 나쁘게 할 수 있다. 심지어 이로 말미암아 향후 왕래가 끊길 수도 있으니 결코 '사소한 일'이라 할 수 없다. 따라서 반드시 이를 중요하게 여기고 손님을 잘 '돌려보내는' 법을 파악해야 한다.

그러면 어떻게 말해야 할까? 손님의 기분을 만족시키면서도 손님을 잘 돌려보내는 목적은 어떻게 달성할 수 있을까? 다음 몇 가지 방법을 참고할 수 있다.

암시법

저녁 식사 후, 몇 명의 젊은이가 유명한 노교수를 방문했다. 서로 정답게 이야기를 나누다 노교수는 젊은이의 말을 이어 말했다.

"여러분의 질문은 연구할 가치가 있을 만큼 좋군요. 제가 내일 학술 대회 참가 차 A 시에 갈 예정인데 여러분이 제기한 질문을 자리에 모인 전문가들이 함께 연구하도록 하겠어요."

젊은이들은 노교수의 말을 듣고 즉시 일어나 인사를 했다.

"교수님 쉬셔야 하는데 내일 출장가시는 것도 모르고 정말 죄송합니다! 죄송합니다! 죄송합니다!"

노교수는 내일 출장을 갈 예정이라 일찍 쉬고 싶었지만 찾아온 학생들을 돌려보낼 수 없어 암시적으로 사양의 말을 한 것이었다. 이렇게 하면 상대방의 체면을 상하게 하지 않으면서도 말하는 사람의 목적을 달성할 수 있다.

지나치게 격식을 차리는 초대법

이 방법은 그다지 익숙한 방법은 아니지만 이야기하기 좋아하는 손님에게 사용하기 알맞다. 손님이 오면 웃는 얼굴로 맞이한 후 정중하게 자리를 안내하고 차를 대접하고 과일과 간식을 낸다. 예의 있고 세심한 말투와 공경한 태도로 손님을 대하고 말은 최대한 적게 하고 많이 경청한다. 즉, 상대방을 '귀빈'으로 극진히 대하는 것이다.

일반적으로 이러한 상황에서 손님은 오래 머물지 않고 어느 정도 이야기 하다 자리를 뜨게 된다. 지나친 친절이 손님을 견디기 힘들게 만들고 그 후에도 감히 편하게 방문하지 못하게 만들기 때문이다.

공격으로 수비를 대신하는 법

이 방법은 아주 '특이하고' 신기하다. 바로 적극적인 공세를 펼쳐 수동적인 상황을 변화시키는 것이다. 다음의 예를 보자.

웨이판은 문화 예술 애호가로 가장 큰 취미가 바로 독서와 집필이다. 퇴근 후 저녁 식사를 먹고 조용하게 혼자 책상에 앉아 감상이나 깨달음을 적는 것을 좋아한다. 웨이판의 이웃 라오지아는 회사에서 퇴직한 후 집에서 쉬고 있다. 심심한 그는 매번 웨이판이 퇴근하고 집에 돌아올 때를 기다려 저녁 식사 후 한담을 나누러 웨이판을 찾아오곤 한다.

처음에 웨이판은 라오지아가 오면 집필을 멈추고 반갑게 맞이해 이런저런 일을 수다 떨었다. 그러나 매일 이러하니 웨이판은 시간이 아까웠고 자신의 소중한 시간을 잡담하는 데 낭비하고 싶지 않았다.

그래서 어느 날 라오지아가 또 웨이판을 찾아왔을 때, 웨이판은 급히 준비해둔 글들을 꺼내며 말했다.

"형님, 제가 새로 쓴 인생에 대한 철학 논문입니다. 한번 보시고 가르침을 주십시오. 이 논문으로 상도 타고 싶습니다! 뒤에 비슷한 글이 더 있는데 읽어봐 주십시오."

라오지아는 잘 몰라서 거듭 사양했다.

"이건 내가 전혀 모르는데. 정말 몰라. 자네가 스스로 잘 연구해 봐!"

라오지아는 말을 마친 뒤 황급히 인사를 하고 자리를 떠났다.

암시적으로 사양의 말을 하면 상대방의 체면을 상하게 하지 않으면서도 말하는 사람의 목적을 달성할 수 있다.

합당하고 충분한 이유가 있으면
거절도 어렵지 않다

　　대개는 거절을 하기 어렵다. 특히 친척이나 친구의 부탁을 거절하는 것은 더욱 거절하기 어렵다. 자신이 도울 수 있는 능력이 있거나 반드시 도와야 할 때는 문제될 것이 없다. 다른 사람을 돕는 기쁜 일을 어떻게 하지 않겠는가? 하지만 때로는 다른 사람의 부탁이 자신의 능력 밖의 일이거나 다른 이유 때문에 현실적으로 돕기 어려운 경우도 있다. 이때 거절은 피하기 어렵고 어쩔 수 없는 것이 된다.

　어떤 사람들은 도움을 거절하면 상대방의 자존심을 상하게 할까 또는 관계에 영향을 미치지는 않을까 걱정해서 "할 수 없습니다.", "도움을 드리지 못할 것 같습니다", "죄송합니다. 도와드릴 능력이 없습니다."와 같은 거절을 입 밖에 꺼내기 어려워한다. 또는 실제 상황을 고려하지 않고 상대방을 돕겠다고 선뜻 동의해 놓고 결국 돕지 못해 오히려 자신에게 해를 입히고 좋았던 관계에 영향을 미치기도 하여 이른바 잃는 것이 얻는 것보다 더 많은 경우도 있다. 그러므로 거절을 잘하는 방법을 배울 필요가 있다.

거절은 딱딱하게 하면 안 된다. 예를 들어 "너 스스로도 할 수 있으면서 왜 나를 귀찮게 하니? 난 도울 수 없어.", "난 너를 도와 줄 돈이 없어. 내 사정도 빡빡해.", "우리 둘 다 똑같이 버는데 어째서 내게 돈을 빌려달라고 하니. 네가 돈이 부족하다면 나도 부족하니 나도 너에게 빌려줄 돈이 없어."처럼 말한다면 상대방은 분명 만족을 얻을 수 없을 뿐더러 심지어 부끄럽고 분한 나머지 화를 낼 수도 있다.

"그러는 너는 평생 도움을 구해본 적이 없니. 빌려주기 싫으면 빌려주지 말 것이지 이렇게 나를 비웃다니! 뭐 그리 대단하다고!"

이렇듯 거절은 그리 간단한 문제가 아니다. 어떻게 하면 거절의 목적을 달성하면서도 서로의 관계에 영향을 미치지 않도록 할 수 있을까? 가장 현실적인 방법은 자신의 어려운 사정을 명확하게 밝혀 상대방의 이해를 구하는 것이다. 상대방이 의리를 아는 사람이라면 당연히 이해할 수 있을 것이다.

한 대형 국유기업에서 부동산 개발, 원양 물류, 약품 연구 및 생산, 순환수 재사용 기술 연구 등의 경영을 하고 있었다. 시장 변화에 따라 기업은 외부와의 협력을 통해 일부 업무를 아웃소싱하게 되었다. 웨이치앙은 기업의 약품 연구 및 생산 부서를 관할하고 지사를 설립했다. 지사는 본사의 관리를 받되 손익은 자체적으로 관리했다.

웨이치앙은 시장의 니즈에 대응하기 위해 시장의 흐름을 파악한 뒤 부서원들과 함께 시장의 니즈에 부합하는 약품을 생산하여 몇 년 만에 지사의 수익을 빠르게 성장시켰다.

지사의 눈부신 성장은 많은 사람들의 부러움을 샀다. 어느 날, 본사의 한 상무가 웨이치앙에게 전화를 걸어 한 사람을 추천했다. 웨이치앙은 상무에게 선뜻 그 사람을 면접에 데려오라고 했다. 하지만 그 후 웨이치앙은 그 사람이 회사에 적합하지 않다는 것을 알았다. 웨이치앙은 난감해졌다. 본사의 간부가 추천한 사람을 거절하기 어려웠고 더욱이 그 상무는 자신이 전 부서에 있을 때 많은 도움을 주었던 상사이기도 했다. 그러나 그 사람을 받아들이는 것도 적절하지 않았다.

웨이치앙은 얼마 동안 고민한 후 좋은 생각이 떠올랐다. 웨이치앙은 그 상무와 구직자를 데리고 회사의 여러 부서를 참관하면서 회사의 규정과 제도에 대해 설명했다. 연이어 웨이치앙은 지난 몇 년간 회사의 발전 상황과 올해 달성할 목표치를 보고했다.

소개가 끝난 후, 웨이치앙은 상무에게 진지하게 말했다.

"지사는 본사의 지원으로 지난 몇 년간 빠르게 성장하여 높은 수익을 올렸습니다. 이에 지사의 모든 직원들이 상무님께 감사한 마음을 가지고 있습니다. 상무님의 지시에 따라 올해 저희는 관리 제도를 수정 및 강화할 예정이고 이는 올해 목표를 달성하는 데 있어 아주 큰 도움이 될 것으로 사료됩니다. 시장 경쟁은 점점 더 심화되고 경쟁사도 힘을 키우고 있는 상황에서 상무님께서 앞으로도 계속 저희를 지지해 주신다면 저희는 더 큰 확신을 가지고 이 난관을 헤쳐 나갈 수 있을 것입니다. 상무님께서 소개해주신 분은 전공이 맞지 않고 관련 업무도 숙달되지 않아서 지금 당장은 저희 회사와 어울리지 않는다고 생각합니다. 만약 이분이 회사에 들어온다면 회사 실적에 영향을 줄 수도 있고 인사 제도에도 적절하지 않습니다. 다음번에 적합한 직무가 있을 때 다시 모셔오시는 것이 어떠시겠습니까?"

간부는 웨이치앙의 말을 듣고 고객을 끄덕이며 웨이치앙의 말을 받아들였다.

웨이치앙은 상무의 업적을 인정하고 치켜세우면서 회사의 어려운 상황을 교묘하게 드러냈다. 다년간 업무 경험이 있는 상무는 당연히 그 의미를 이해했고 따라서 더 이상 강요할 수 없었고 결국 문제는 좋게 해결되었다. 어려움을 명확하게 밝힘과 동시에 다른 대안을 제시할 수 있다면 상대방은 더 잘 이해하고 심지어 감동을 할 수도 있다.

다른 사람의 부탁을 거절하는 것은 감정을 상하게 하기 쉬운 일이다. 잘못하면 기존의 좋은 관계를 깨뜨릴 수 있으므로 반드시 중요하게 여겨야 한다. 거절을 할 때는 자신의 어려움을 시의적절하게 전달해야 한다. 거절에 합당하고 충분한 이유가 있다면 상대방은 분명 그 상황을 이해하고 기꺼이 이해해 줄 것이다.

거절을 할 때는 자신의 어려움을 시의적절하게 전달해야 한다. 거절에 합당하고 충분한 이유가 있다면 상대방은 분명 그 상황을 이해하고 기꺼이 이해해 줄 것이다.

사과하는 요령을 알면
남이 용서하지 않을 수 없게 된다

살다 보면 누구나 잘못을 하게 마련이므로 사과를 하는 것도 평범한 일이다. 하지만 때로는 사람들이 으레 생각하는 것처럼 "미안합니다." 한 마디로 해결되지 않는 경우가 있다. 실수로 다른 사람에게 부딪쳤거나 남에게 불편을 주었을 때 "미안합니다."라고 하는 것은 적절하다. 그러나 어떤 경우는 상황이 복잡해서 "미안합니다."라고만 하면 그다지 효과가 없다. 이때는 더 효과적으로 사과해야 상대방이 미안한 마음을 느낄 수 있다.

사과에도 요령이 있다. 좋은 사과의 요령을 파악하고 이를 잘 활용하면 상대방의 마음속에 더 잘 와 닿는 효과적인 사과를 할 수 있고 상대방을 감동시킬 수도 있다. 그러면 사과의 요령에는 어떤 것들이 있을까?

1. 사과는 상대방이 진심을 느낄 수 있게 해야 한다.

사실 모든 사람은 상대방이 진실인지 아닌지 알 수 있는 바, 잘못을 했을 때 "미안합니다." 한 마디로 그냥 넘어가려고 해서는 안 된다. 지각을 한 경우, "늦는다고 전화하는 걸 깜빡했습니다."라고 말하는 것보다 "소중한 시간을 지체시켜 진심으로 송구합니다."라고 하면 상대방이 더 잘 받아들일 수 있다.

다음의 예를 보자.

길가의 한 식당에서 손님이 식사를 하고 있었다. 손님은 밥을 몇 순갈 먹은 후 갑자기 생쌀 몇 톨을 테이블에 뱉어했다. 가게 주인은 이 광경을 보고 미안해하며 말했다.

"정말 죄송합니다. 오늘 급히 밥을 지어 밥이 덜 익었습니다. 생쌀을 많이 드셨나요?"

손님은 원래 화를 내려 했지만 가게 주인의 말을 듣고 웃으며 말했다.

"괜찮습니다. 그렇게 많은 것도 아닌데요. 익은 쌀도 많았습니다."

주인은 그 말을 듣고 웃었다. 그 후, 손님은 이 식당 주인이 진솔한 사람이라고 생각해 자주 찾아 와 밥을 먹었다.

식당 주인은 진솔했다. 이는 손님에게 "생쌀을 많이 드셨나요?"라고 물은 물음에서 알 수 있다. 주인의 진솔한 태도에 손님은 화내기 미안해졌고 일을 그냥 넘어갈 수 있었다.

사과를 하는 것이 당연한 것인데도 불구하고 기어코 온갖 핑계만 대는 것은 설령 그것이 진실이라 해도 결코 바람직하지 않다. 설명할 필요가 있더라도 우선 진심으로 사과를 한 뒤에 설명을 하는 것이 좋다. 온갖 핑계거리를 찾거나 일부러 결백한 척하고 번지르르한 이유를 들어 발뺌하면 상대방의 양해를 구하기 어렵다.

2. 사과를 할 때 문제의 원인을 상대방에게 집중하는 사과 형식을 피해야 한다.

예를 들어 "미안합니다. 당신이 이 일에 이렇게 크게 반응할지 몰랐습니다." 또는 "미안합니다. 당신은 저와 함께 있고 싶지 않은 것 같군요"와 같은 사과는 마치 상대방에게 책임을 전가하는 듯한 느낌을 준다. 사과는 자신이 범한 실수나 잘못에 집중해야 한다.

3. 사과를 할 때 경우에 따라 강조하는 내용이 달라야 한다.

어떤 잘못은 만회할 기회가 있다. 그러나 사과를 할 때 우선은 자신이 한 잘못에 역점을 두어야 하고 만회를 이유로 책임을 회피하지 않도록 주의해야 한다. 예를 들면 "그에게 제 잘못을 말하고 어떻게 갚을지 그와 이야기해보겠습니다." 또는 "제가 저지른 잘못을 깊이 반성했습니다. 이번 피해를 되돌려놓겠습니다."라고 말할 수 있다.

반면, 어떤 잘못은 일단 저지르면 만회하기 어렵다. 이때의 사과는 앞으로 다시는 이와 같은 잘못을 하지 않겠다는 데 중점을 두어야 한다. 예를 들어 "이번 제 잘못에 대해 깊이 반성했습니다. 앞으로 다시는 이런 잘못을 하지 않도록 어떤 조치를 하면 좋을지 알려주시겠습니까? 또는 "이번 실수를 깊이 사과드립니다. 현재 상황을 어떻게 개선할 수 있을지 모르겠습니다."라고 말할 수 있다. 진심 어린 태도로 간절하게 사과하면 상대방은 곧 그 사과를 받아들일 것이다.

4. 사과는 즉시 해야 한다.

심리학 연구에 따르면 잘못을 저지른 뒤 너무 빠르거나 또는 너무 늦게 사과를 하면 모두 효과가 좋지 않다고 한다. 가장 바람직한 사과 시간은 잘못을 한 뒤 10분에서 2일 내에 하는 것이다.

5. 사과는 장소를 잘 선택해야 한다.

일반적으로 잘못이 업무에 영향을 미칠 경우 회의실 같은 공개적인 장소에서 사과를 하는 것이 비교적 적절하다. 그러나 어떤 사람에게 상해를 입혔거나 불편을 주었을 경우에는 개인적인 장소에서 사과를 하는 것이 좋고 전화나 이메일로 하는 것도 괜찮다.

6. 상대방이 불만을 표출할 수 있는 기회를 주어야 한다.

사과하는 것만 신경 쓰지 말고 상대방이 불만을 말할 수 있도록 기회를 주어야 한다. 상대방이 불만스러운 감정을 표출하도록 해야 사과를 더욱 쉽게 받아들이게 된다.

요컨대, 사과하는 법을 배우고 이를 적절하게 활용해야 상대방이 최대한 사과를 잘 받아들일 수 있고 나아가 상호간의 장애물을 없애고 관계를 더 원만하게 발전시킬 수 있다.

더 효과적으로 사과해야 상대방이 미안한 마음을 느낄 수 있다.

말을 함부로 해서는 안 된다. 특히 상대방에게 실례가 되는 말이나 자존심을 상하게 하는 말은 더욱 가볍게 해서는 안 된다. 말을 잘하는 사람은 절대로 생각 없이 말하지 않고 말하기 전에 여러 번 생각해야 한다는 사실을 잘 알고 있다. 하고자 하는 말이 적절한지 아닌지, 상대방에게 실례가 되는지는 않는지, 다른 사람이 들었을 때 불편하지는 않을지 생각한다. 만약 그렇다면 절대로 말하지 않는다. 뿐만 아니라 말을 잘하는 사람은 정도를 지켜 최대한 완곡하게 말하여 소기의 목적을 달성하고 상대방의 마음도 편안하게 해준다.

제5장

좋은 말은 입으로만 하는 것이 아니라 배려하는 마음으로 하는 것이다

때로는 선의의
거짓말이 필요하다

세상은 진실을 요하지만 살다 보면 분명 거짓말, 특히 선의의 거짓말이 필요할 때가 있다. 특수한 상황에 직면했을 때 선의의 거짓말만이 좋은 결과를 만들어 내기도 하는데 이때 거짓말은 성실성의 여부와는 무관하다.

예를 들어 생명이 위독하지만 여전히 꿋꿋한 희망을 가지고 있는 중환자를 의사들은 종종 이렇게 위로한다.

"치료에 잘 임하시면 곧 건강을 회복하실 겁니다."

이것이 바로 선의의 거짓말이다. 이는 분명 "방법이 없습니다. 이미 가망이 없으니 죽음을 기다려야 합니다."라고 말하는 것보다 훨씬 낫다. 이와 마찬가지로 환자의 친척이나 친구도 병문안을 할 때 의사가 말한 것처럼 치료에 적극적으로 임하도록 격려하고 건강을 회복해 퇴원할 날을 기다리게 위로할 수 있다.

관점을 바꿔서 생각해보면 환자가 믿음을 가지고 치료에 적극적으로 임해 병마와 싸우면 정말로 기적이 나타나서 건강을 회복할 수도 있다. 그러므로 누구도 병마와 싸워 이길 희망이 없다는 말은 할 수 없다. 설령 기적이 일어나지 않더라도 환자가 희망을 가지고 좀 더 많은 시간을 살 수 있도록 하는 것은 인도주의 정신에도 부합된다.

선의의 거짓말은 가정에서도 없어서는 안 된다. 예를 들어 신혼부부의 아내가 남편을 위해 기쁘게 음식을 만들었으면 남편은 아무리 맛이 없더라도 맛있게 먹고 맛있다는 거짓말을 해야 한다. "정말 맛있네!" 이것은 남편의 사랑이 담긴 거짓말이다. 설령 아내가 남편의 말이 거짓말인 것을 알더라도 남편의 따뜻한 배려를 느낄 수 있다.

가령 남편이 한 입 먹고 다시 먹지 않으며 "너무 시다. 이가 다 시리네."라고 말한다면 기쁨으로 가득 찼던 아내는 분명 충격을 받을 것이고 요리에 대한 열정도 사라지고 말 것이다.

세상은 진실을 요하지만 살다 보면 분명 거짓말, 특히 선의의 거짓말이 필요할 때가 있다.

사실대로 말하는 것이
항상 옳은 것은 아니다

사실을 있는 그대로 말하는 것은 으레 정직하고 마땅한 것으로 여겨진다. 그러나 때로는 융통성 없고 어리석은 행동일 수도 있다. 사실을 말하려면 장소와 시간, 대상을 고려해야 하고 이를 고려하지 않고 무턱대로 사실대로 말하면 대개 의도치 않게 남에게 피해를 줄 수도 있고 상대방을 불쾌하게 만들 수 있어 좋은 결과를 얻지 못한다.

다음의 이야기는 무조건 사실대로 말하는 사람이 어떤 결과를 얻을 수 있는지 알려준다.

오로지 사실대로 말하기 좋아하는 사람이 있었다. 그는 무슨 일이든지 항상 사실만을 말했고 융통성이 전혀 없었다. 그는 여러 곳을 다녔지만 항상 사람들에게 쫓겨났다. 결국 그는 가난해져 더 이상 머물 곳이 없었다.

어느 날 그는 한 수도원에 이르렀다. 그는 수도원의 원장을 찾아가 거기서 머물고 싶다고 말했다. 원장은 그의 사정을 듣고 사실을 말하는 것이 나쁜 일도 아니니 선뜻 그를 수도원에 머물며 일을 하게 해주었다.

어느 날, 원장은 수도원에 있는 당나귀 두 마리와 노새 한 마리를 팔 준비를 하였다. 그는 시장에 수도원 사람들을 보내면 돈을 숨길까 걱정하여 마음이 놓이지 않았다. 그래서 그는 항상 사실만을 말하는 성실한 사람을 떠올렸다. 그는 그 성실한 사람에게 말했다.

"이 당나귀 두 마리와 노새 한 마리를 시장에 가서 팔고 오세요."

성실한 사람이 당나귀와 노새를 끌고 시장으로 가자 살 사람들이 몰려들었다. 성실한 사람은 적극적으로 설명하기 시작했다.

"이 꼬리가 없는 당나귀는 몹시 게을러 하루 종일 진흙에 엎드려 있을 줄만 알고 일은 하려 하지 않습니다. 저 털이 벗겨진 당나귀는 고집이 세서 자기가 걷기 싫으면 아무리 때려도 걷지 않습니다. 저 노새는 늙어서 다리를 절룩거립니다."

어떤 사람이 물었다.

"일은 할 수 있습니까?"

그가 대답했다.

"일을 할 수 있으면 원장이 왜 팔아버리려고 하겠습니까."

사람들이 그 말을 듣고는 모두 떠나버렸다.

그는 해가 지도록 계속 기다렸지만 살 사람이 아무도 나타나지 않았다. 할 수 없이 그는 다시 그들을 당나귀 두 마리와 노새 한 마리를 이끌고 수도원으로 돌아갔다.

원장은 그의 이야기를 모두 듣고 참을 수 없이 화가 났다.

"이제 보니 당신을 쫓아낸 사람들이 모두 옳았군. 어쩜 이리도 어리석소? 그러니 당신, 나도 당신을 데리고 있지 않겠소. 당신이 가고 싶은 곳으로 그냥 떠나시오!"

이렇게 그 성실한 사람은 의기소침하여 수도원을 떠났고 비참한 유랑 생활을 계속했다.

이 이야기는 지어낸 것일 수 있지만 그 속에 담긴 뜻은 분명 진실하다. 실제 삶 속에서 절대적인 진실이란 없다. 장소와 시간, 대상을 고려하지 않고 무슨 일이든지 무조건 사실대로 말하면 남에게 불편을 줄 수 있을 뿐만 아니라 더욱이 자기 자신에게 큰 화를 자초할 수 있다. 남의 의견을 듣지 않고 무조건 자기 고집대로만 한다면 결국 자신은 점점 고립되고 말 것이다. 우리 주위에서 발생한 다음의 두 가지 이야기를 살펴보자.

샤오리는 샤오왕이 새 치마를 입고 출근한 것을 보자마자 샤오왕에게 말했다.

"다리가 굵고 짧은 사람은 치마가 안 어울려. 넌 입지 마."

샤오왕은 그 말을 듣고 얼굴이 새파래져 자리를 떠나 버렸고 샤오리는 어리둥절해졌다.

며칠이 지나 샤오리는 또 샤오왕을 만났다. 그가 다가가 인사하자 샤오왕은 마치 그를 못 본 것처럼 아는 체도 하지 않았다.

리우팅은 편집장 앞에서 원치앙을 나무랐다.
"네가 검토한 원고에 이렇게 많은 오타가 있는데 대체 검토를 어떻게 한 거냐?"
원치앙의 자존심은 깊은 상처를 입었고 그 자리에서 반박했다.
"네가 검토한 원고는 실수가 하나도 없다고 장담할 수 있니? 다시 교정하면 되지 그렇게 말하면 좋겠니?"
리우팅은 어안이 벙벙해 아무 말도 할 수 없었다.

위의 두 이야기에서 샤오리와 리우팅은 비록 진실하게 사실을 말했지만 동료의 마음을 상하게 만들었다. 사실을 말하는 것이 항상 옳은가? 세상에 절대적인 것은 없고 옳은 일을 했더라도 틀릴 수 있다. 그러므로 사실을 말하려면 반드시 상황을 함께 고려해야 한다.

사실을 말하는 것이 다른 사람이나 자기 자신 모두 이롭지 않을 때는 즉시 멈추어야 한다. 사실을 말하더라도 자기의 생각을 전부 밖으로 내뱉거나 심지어 전혀 가감 없이 말해서는 안 된다. 상황에 따라 지혜롭게 말하는 법을 익혀 원만하게 문제를 해결할 수 있어야 한다.

삶에서 때로는 거짓말이 필요하다. 지나치게 사실적이기만 한다면 융통성이 없는 사람이 되고 만다. 모든 일에 있어서 오로지 사실만을 말하는 '완벽한 사람'이 되지 말고 상황에 따라 융통성 있게 말할 줄 아는 사람이 되어야 한다.

삶에서 때로는 거짓말이 필요하다. 지나치게 사실적이기만 한다면 융통성이 없는 사람이 되고 만다. 모든 일에 있어서 오로지 사실만을 말하는 '완벽한 사람'이 되지 말고 상황에 따라 융통성 있게 말할 줄 아는 사람이 되어야 한다.

키가 작은 사람에게 '작다.' 하지 말고 뚱뚱한 사람에게 '살이 쪘다.' 하지 말자

사람은 모두 부족한 점이 있고 자존심도 있다. 다른 사람에게 자신의 단점을 말하거나 자신의 흠을 들추어내기를 원하는 사람은 없다. 만일 이 금기를 잊고 굳이 남의 약점을 공격하거나 남의 흠을 들추어내면 반드시 상대방의 반감을 일으키고 심지어 반격을 당할 수도 있다.

샤오지아는 1미터 50의 키에 약 80킬로가 나가는 뚱뚱한 아가씨였다. 그녀는 자신의 불균형한 몸매에 고민이 많았고 몰래 다이어트를 해 오고 있었지만 효과가 없었다.
어느 날, 그녀가 사무실에 들어서자 동료 샤오친이 말했다.
"너 뭐 먹었니? 꼭 바람을 불어 넣은 것같이 지난달보다 더 찐 것 같다."

샤오지아는 화가 나 즉시 대꾸했다.

"내가 뚱뚱한 게 너랑 무슨 상관이니? 너희 집 쌀을 한 톨이라도 먹길 했어, 너희 집 우유를 한 숟가락이라도 퍼마시길 했어? 정말 쓸데없이 참견이네!"

샤오친은 얼굴이 붉어졌다.

"한마디 했다고 그렇게까지 흥분할 건 또 뭐야? 그럴 필요까지 있어?"

"내가 뚱뚱한 게 뭐 어때서? 네가 무슨 자격으로 나한테 말하는데? 그렇게까지 화낼 필요가 있느냐고? 내가 뚱뚱한 게 뭐 어때서?"

여전히 샤오지아는 불같이 화를 냈다.

샤오친은 뚱뚱한 것이 샤오지아의 결점임을 분명 알고 있었으나, 구태여 상대방의 흠을 들추어내서, 자연히 상대의 불만을 일으켰으니, 싸우지 않는 것이 오히려 다행이다.

키가 작은 사람에게 '작다.' 말하고, 뚱뚱한 사람에게 '살이 쪘다.' 하는 것이 얼마나 기분을 상하게 하는지 알 수 있다. 바로 이 때문에, 우리는 이 금기를 범하지 않도록 반드시 기억해야 한다. 그렇다면 어떻게 피할 수 있는가? 다음 몇 가지를 참고하면 좋다.

남의 신체적 결함에 대한 언급을 피하자

남의 신체적 결함을 금기시하고 조심해야 한다. 머리숱이 적은 사람에게 '벗겨졌다.'든지 '비었다.', '훤하다.'고 하지 말자. 뚱뚱한 사람에게 '퍼졌다.'고 하지 말자. 날씬한 사람에게 '말랐다.'고 하지 말자. 키가 작은 사람에게 '짧다.'고 하지 말자. 절름발이에게 '절뚝거린다.'고 하지 말자. 등이 굽은 사람에게 '꼽추'라 하지 말자. 아직 자녀가 없는 부부 앞에서는 자식을 키우는 일은 적게 언급하자.

남의 사생활에 대한 언급을 피하자

사람은 누구나 다른 사람에게 알리고 싶지 않은 사생활이 있다. 타인의 사생활을 존중하는 것은 그 사람을 존중한다는 표현이다. 따라서 다른 사람과 교류하거나 이야기할 때 그 사람의 사생활을 건드리지 않도록 주의해야 한다. 그렇게 해야 그 사람이 당신과 교류하고 당신과 친구가 되고 싶어 할 것이다.

타인과 교류를 할 때 그 사람의 사생활을 함부로 건드려 자세히 알고자 하면 교류와 소통에 영향을 줄 수 있을 뿐만 아니라 성품에 의심을 품을 수 있고 좋지 않은 인상을 심어줄 수도 있다. 나아가 향후 지속적인 교류에도 영향을 줄 수 있다.

남의 가슴 아픈 일에 대한 언급을 피하자

대개 가슴 아픈 일은 이미 그 일을 겪은 당사자에게 '감정적 금기 영역'으로 여겨져 언급하기를 꺼려하게 마련이다. 따라서 다른 사람과 이야기할 때 상대방의 가슴 아픈 일에 대한 언급은 가급적 피하도록 주의하고 유사한 화제를 언급하여 상대방이 지나간 일을 떠올리지 않도록 조심해야 한다.

남을 난처하게 만드는 화제는 피하자

　다른 사람과 대화할 때 상대방을 난처하게 하는 화제를 꺼내지 않도록 주의해야 한다. 예를 들어 상대방이 승진에서 누락되었거나 열심히 노력한 목표를 실현하지 못했다면 대화에서 관련된 화제를 꺼내지 않도록 피해 상대방이 난처해지거나 곤란해지지 않도록 해야 한다. 이 금기를 상관하지 않고 상대방이 난처한지 아닌지 고려하지 않고 경솔하게 말하면 분명 관계에 영향을 미칠 수 있다.

　때로는 상대방의 사생활이나 금기대상에 대해 확실히 모를 수도 있다. 그럴 때는 상대방을 주의 깊게 관찰해서 안색이 좋지 않거나 의도적으로 어떤 화제를 피한다면 즉시 말을 멈추고 화제를 돌려야 한다. 대개 상대방도 별다른 의도 없이 한 말에 대해서는 크게 화를 내지는 않을 것이다. 그러나 상대방의 반응을 살피지 않고 상대방이 꺼려하는 화제를 고의적으로 꺼내거나 계속 언급한다면 상대방은 분명 당신을 외면하고 말 것이다.

　굳이 남의 약점을 공격하거나 남의 흠을 들추어내면 반드시 상대방의 반감을 일으키고 심지어 반격을 당할 수도 있다.

농담도 적당히 해야 함을
반드시 기억하자

농담은 정도를 지켜 적절히 해야 하며 멈춰야 할 때 적당히 멈출 수 있어야 한다. 이러한 농담이 분위기를 살리고 관계를 원만하게 만들 수 있다.

농담의 정도에는 정해진 기준이 없이 사람과 장소, 시간, 내용에 따라 정해진다. 사람마다 성격이 다 다르므로 농담을 받아들일 수 있는 능력도 다르다. 어떤 사람은 활달하고 명랑하여 비교적 센 농담도 받아들일 수 있지만 내성적이고 과묵하거나 의심이 많은 사람에게는 이러한 농담을 하기 어렵다.

따라서 같은 농담이라도 어떤 사람에게는 해도 되고 어떤 사람에게는 해서는 안 된다. 어떤 농담은 남자에게 해도 되지만 여자에게는 해서는 안 된다. 또 어떤 농담은 젊은 사람에게는 해도 되지만 나이 든 사람에게 해서는 안 된다. 그 외에 똑같은 사람이라도 시간에 따라 기분이 다르므로 같은 농담도 기분이 좋을 때 해야 기분 나쁘지 않게 받아들일 수 있다. 반면 기분이 좋지 않을 때는 불편하게 여길 수도 있다. 그러므로 농담은 반드시 상황에 맞게 해야 한다.

농담은 시간과 장소를 고려해야 한다. 대개 조용하거나 엄숙한 상황에서 농담을 하는 것은 적절치 않고 반대로 사람이 많은 경우에도 농담을 적게 해야 한다.

샤오바이는 타지로 출장을 갔다가 한 달 후에 회사로 돌아왔다. 사무실 동료인 샤오루가 농담을 던졌다.

"자네 한 달 동안 안 보이더니 드디어 돌아왔구나. 나는 또 자네가 죽은 줄 알았어!"

샤오바이와 샤오루는 서로 잘 아는 사이였고 평소 두 사람은 자주 농담을 주고받았다. 이번에도 샤오바이가 큰 의미 없이 편하게 한마디 한 것이었다.

"너한테 아직 화환도 못 받았는데 내가 어떻게 죽겠냐!"

두 사람은 하하 하며 웃어 넘겼다.

그 후, 샤오바이가 아파서 입원을 하자 샤오루가 그를 방문했다. 샤오루는 그를 보자마자 또 샤오바이에게 농담을 했다.

"이번에는 화환을 보낼 준비를 해도 되겠군!"

샤오바이는 이 말을 듣자마자 안색이 변했다.

"필요 없어. 너나 써라!"

순간 분위기가 매우 어색해졌다.

샤오루는 당시 상황과 장소를 고려하지 않고 경솔하게 농담을 던졌다. 의도와는 달리 그의 농담은 당시 상황과 장소에 적절하지 않았고 불길한 일을 떠올리게 만들어 샤오바이의 반감을 사고 말았다.

농담은 내용이 건전해야 하고 분위기에 주의해야 하며 인신공격의 요소가 있어서는 안 된다. 만약 이러한 요소가 있으면 블랙 유머가 되고 만다. 블랙 유머는 인간관계에 있어서 아주 큰 파괴력을 가지므로 절대 피해야 한다.

왕신은 새 회색 정장을 입고 출근했다. 동료 샤오시는 농담을 던졌다.
"우와, 오늘 새 옷 입었네! 멋지다!"
왕신이 기뻐서 겸손의 말을 하려던 찰나, 샤오시가 또 말했다.
"그런데 온통 회색을 입고 있으니 마치 회색 쥐 같네!"
왕신이 그 말을 듣자 얼굴에 띠고 있던 미소는 순간 사라져 버렸고 샤오시에 대해 가지고 있던 호감도 없어지고 말았다.

또 다른 예가 있다.

원타오는 워낙 농담을 좋아해 평소 친구나 동료들에게 농담을 하는 것이 습관이 되었다. 어느 날, 출근을 하던 원타오는 한 고객이 팀장을 찾아온 것을 보았다. 팀장이 서류에 사인을 하자 고객은 이를 보고 찬탄해 마지않았다.

"팀장님 사인이 정말 근사합니다. 시원시원하고 멋지네요."

원타오는 그 말을 듣고 또 참지 못하고 농담을 던졌다.

"근사하지 않을 수가 있나요. 우리 팀장님이 몇 개월 동안 몰래 연습하셨는걸요."

그 말에 사무실 분위기가 갑자기 어색해졌다.

블랙 유머에는 타인에 대한 인신공격도 포함되는데 이는 상대방의 반감을 사기 쉽다. 사이가 아주 가까운 친구라면 마음에 담아 두지 않고 웃어넘길 수도 있지만 그다지 가까운 사이가 아닐 경우 이런 농담은 관계를 망가뜨리고 심지어 악화시킬 수도 있다.

혼을 내더라도 체면을 상하게 하지 말고 욕을 하더라도 흠을 들추어내지는 말자는 말이 있다. 즉, 농담을 할 때 남의 결점을 들추어내지 않도록 주의해야 한다. 시험에 떨어진 친구에게 오랫동안 시험 공부한 이야기를 하거나, 아내를 무서워하는 친구에게 농담으로 집에서 파워가 세다고 말하거나, 친척이 장사에서 손해를 봤는데 오히려 장사가 잘된다고 말한다면 안 될 것이다.

신체적 결함은 더욱 농담의 소재로 삼아서는 안 된다. 다리를 절뚝거리거나 애꾸눈, 꼽추, 사시, 언청이 등 같은 타인의 신체적 결함을 이용해 농담을 하는 것은 악행과 다를 바가 없고 멸시와 경멸을 당할 수 있다.

살다 보면 이렇게 시의적절하지 않은 농담이 많이 있다. 사실상 이러한 농담은 이미 정상적인 농담의 범주를 벗어나 남의 불행을 즐기는 것이 되고 나아가 조롱과 풍자로 여겨져 당연히 사람들의 미움을 받게 마련이다.

요컨대, 농담은 정도를 지켜 적절히 해야 한다. 멈춰야 할 때 적당히 멈출 수 있을 때 남을 즐겁게 하고 분위기를 좋게 만드는 바람직한 효과를 얻을 수 있다.

농담은 정도를 지켜 적절히 해야 하며 멈춰야 할 때 적당히 멈출 수 있어야 한다.

혼자 떠들지 말고
남에게도 기회를 주자

말하기 좋아하는 사람은 남과 대화할 때 보통 쉴 새 없이 말하는 데만 신경 쓰고 남을 소홀히 하는데 이런 사람은 환영받지 못한다.

인페이는 쉬지 않고 말하기 좋아하는 사람이다. 몇 명이 수다를 떨든 온통 그녀가 말하는 소리만 들리는 것 같았다. 그녀가 한번 말하기 시작하면 목소리가 크고 속도도 빨라서 다른 사람들에게 자신이 어디로 여행을 다녀왔고, 무슨 음식을 좋아하며, 어제 저녁에는 밥을 어떻게 차렸는지, 미용의 비결이 뭔지, 어떻게 옷을 입는지 등을 단숨에 말했다.

매번 모일 때마다 인페이는 신나게 떠들었고 대부분 거의 그칠 줄을 몰랐다. 하지만 그녀는 자신의 말을 듣고 싶어 하는 사람들이 점점 줄어든다는 사실을 알아차렸다. 그녀가 흥분을 감추지 못하고 말을 마치면 어느 누구도 말이 없이 분위기가 가라앉고 어색해졌다. 또 그녀는 자신에게 전화를 걸어 수다를 떨던 친구도 점점 줄어들고 인터넷에서 채팅하는 사람들도 점점 줄어든다는 사실을 발견했다.

인페이는 왜 이렇게 되었는지 이상했고 도무지 이해할 수 없었다. 사실 이유는 간단했다. 그것은 바로 인페이가 수다를 떨 때 자기 혼자만 줄기차게 떠들고 다른 사람이 말할 기회는 빼앗아버렸기 때문이었다. 또 내내 자기 이야기만 하고 남의 이야기는 하지 않았기 때문이었다.

대화는 상호적인 과정이다. 자기 이야기만 하고 남의 일은 언급하지 않는다면 상대방에게 무관심하다는 느낌을 줄 수 있다. 누구든지 무관심을 당하면 기쁘지 나쁘지 않겠는가. 그래서 친구들이 모두 인페이를 점점 멀리 한 것이다.

반대로 대화를 나눌 때 상호 작용에 집중하여 다른 사람의 이야기에 집중하고 남에게 마음껏 이야기할 수 있는 기회를 준다면 환영을 받을 것이다.

한 인터뷰 프로그램의 진행자가 다년간 프로그램을 진행하여 많은 스타들이 모두 그의 프로그램에 출연하기를 원했다. 사람들이 그 프로그램에 출연을 하거나 그와 인터뷰를 할 때면 모두 하고 싶은 말을 마음껏 했고 평소 밝히기 꺼려하던 말도 했다.

어떤 사람이 이상히 여겨 진행자에게 물었다.

"평소 거만하던 스타들이 왜 모두 당신과 이야기하길 원할까요? 무슨 비결이 있습니까?"

진행자가 대답했다.

"많은 사람들이 저와 이야기하고 싶어 하는 것은 제가 말을 잘해서가 아니라 그들이 자기 자신의 이야기를 말할 수 있게 해주기 때문이라고 생각합니다. 저는 '어떻게 생각하세요?', '말씀해주세요.', '어떻게 보십니까?' 같은 말을 자주 하고 '저는 어떻게 생각합니다.'라는 말은 아주 적게 합니다. 이렇게 발언권을 그들에게 넘겨줌으로써 그들을 존중하고 말할 기회도 주니 당연히 말을 하고 싶어 하는 것이죠."

포드 자동차 회사의 헨리 포드 사장 2세는 다른 사람의 환영을 받지 못하는 사람에 대해 이렇게 묘사한 적이 있다.

"하는 말마다 '나'라고 하는 사람, '나'라는 단어를 독차지하는 사람, 언제 어디서나 '나'만 말하는 사람은 환영받지 못한다."

《포브스》지에 〈좋은 인간관계의 처방〉이라는 제목의 글이 실린 적이 있는데 그중에 이런 말이 있다. 인간관계에서 가장 중요한 말은 "당신을 알게 되어 영광입니다.", "당신은 어떻게 생각하십니까?", "양해 바랍니다.", "감사합니다."이다. 그중 가장 중요한 한 글자는 바로 '당신'이다.

이를 통해 알 수 있듯이 가장 덜 중요한 글자는 '나'이고 가장 중요한 글자는 '당신'이다. 그러므로 대화를 할 때 '당신'의 관점에서 출발하자.

어떤 사람이 대화를 할 때 자기가 신나게 말하는 것만 생각하고 남을 소홀히 여기는 것은 자기만 잘났고 자기밖에 모르며 자기중심적인 사람이라고 여기게 만들 수 있다. 이런 사람은 다른 사람들이 좋아할 리 없다.

다른 사람의 사랑을 받으려면 대화를 할 때 다른 사람이 말을 할 수 있도록 하는 것이 좋다. 또한 최대한 '나'에 대해 말하지 말고 '당신' 또는 '그'에 대해 말하자. 그러면 상대방이 당신과 교제하고 싶어 하고 친구가 되고 싶어 한다는 것을 알 수 있을 것이고 인간관계도 자연스레 넓어질 것이다.

대화는 상호적인 과정이다. 자기 이야기만 하고 남의 일은 언급하지 않는다면 상대방에게 무관심하다는 느낌을 줄 수 있다.

단정적으로 말하지 말고
여지를 남기자

 고대 그리스 신화에 이런 이야기가 전해진다.

어느 날, 광명의 신 파에톤은 호화로운 태양의 마차를 질주해 하늘에서 종횡무진 달렸다. 그러다 가파른 절벽 모퉁이에서 맞은편에서 오는 달의 마차와 우연히 마주쳤다. 파에톤은 태양의 마차의 무겁고 튼튼한 힘으로 달의 마차를 난처하게 만들고 싶었다. 그래서 그는 달의 마차를 향해 쾌속으로 질주해 달의 마차가 도망가게 만들고 싶었다.

파에톤이 도망갈 곳이 없는 달의 마차를 보고 즐거워하고 있을 때, 그는 태양의 마차의 속도가 너무 빨라 앞에 우뚝 솟은 절벽을 피하기 너무 늦었음을 깨달았다. 파에톤이 깜짝 놀라 소리치는 찰나, 태양의 마차는 그만 거대한 절벽에 부딪히고 말았다.

위의 이야기는 우리에게 일을 극단적으로 하지 말고 여지를 남겨야 함을 말해준다. 그렇지 않으면 돌아갈 여지를 잃어버리기 때문이다. 사실 말하기도 일하는 것과 마찬가지로 극단적으로 하지 말고 여지를 남겨야 한다. 그렇지 않으면 결국 손해를 보는 것은 자기 자신이다.

말을 할 때 일말의 여지를 남기지 않으면 자기 자신을 크게 제약할 뿐만 아니라 종종 남의 반감의 사기도 하고 나아가 상호 간의 관계에 영향을 줄 수도 있다. 예를 들어 상사가 어떤 일을 하라고 지시하자 당신은 그 일을 전혀 알지 못함에도 불구하고 상사의 환심을 사기 위해 장담하며 말할 수 있다.

"이 일은 제게 맡겨 주십시오. 마음 놓으십시오! 삼 일 안에 완벽하게 처리하겠습니다."

삼 일이 지났지만 당신은 장담한 대로 업무를 끝내지 못했다. 그 일에 관심이 있는 상사는 원하는 결과를 보지 못하자 당신을 찾아와 묻는다. 당신은 그제야 계면쩍어하며 말한다.

"제가 생각했던 것처럼 그리 간단하지가 않아서 2분의 1밖에 못 했습니다."

상사가 당신이 업무를 완성할 수 있도록 시간을 연장해준다 하더라도 그의 마음속에는 분명 당신에 대한 인상이 좋지 않아졌을 것이고 당신의 말을 신뢰할 수 없고 허풍을 잘 떠는 사람이나 믿기 어려운 사람으로 여길 것이다. 이것이 바로 말에 여지를 남기지 않았을 때 초래할 수 있는 결과다. 만일 처음에 "삼 일 안에 일을 끝낼 수 있도록 노력해 보겠습니다."라고 답했다면 어땠을까. 설령 약속한 시간 안에 일을 완성하지 못했더라도 상사는 분명 당신을 곤란하게 만들지 않을 것이며 오히려 당신의 신중한 언행에 만족했을 것이다.

설령 잘 아는 일이라도 최대한 장담하지 말고 여지를 남기자. 계획은 변하지 않지만 변화는 수시로 발생할 수 있기 때문이다. 장담하여 말하면 빠져나갈 여지가 없고 변화가 생기거나 어떤 문제가 생겨서 약속한 시간 안에 완성할 수 없게 되면 상대방에게 신뢰하기 어렵다는 인상을 주게 된다. 일을 지연시킨 원인이 설령 당신이 아니더라도 말이다.

단정 지어 말하지 않는 것은 상대방에게 대응할 공간을 남기는 것으로 나중에 물러설 여지를 남겨야 실패를 피할 수 있다. 일을 승낙할 때 "제가 한번 해보겠습니다." 또는 "최선을 다해 추진해 보겠습니다." 등의 말을 할 수 있다. "제게 맡겨 주십시오. 절대 문제가 없게 하겠습니다!" 또는 "좋은 소식을 기다리기만 하십시오. 반드시 실수 없도록 하겠습니다." 같은 말은 삼가자.

자세히 관찰해보면 대다수의 성공한 인사들은 다른 사람의 질문에 대답할 때 '최대한, 대략, 아마, 최선을 다해, 아마, 고려해 보겠다, 검토해 보겠다, 시도, 거의, 대개' 등과 같은 표현을 많이 사용하는 것을 알 수 있다. 말을 할 때 이렇게 애매모호한 단어를 많이 사용하면 단정 지어 말하지 않을 수 있고 자기 자신에게 여지를 남길 수 있다.

하루가 다르게 발전하는 현대 사회에서 오직 변화만이 유일하게 변하지 않는 것이다. 일말의 여지를 남기지 않고 단정 지어 말하면 자신에게 불리한 변화가 생길 경우 빠져나가기 어렵게 된다. 따라서 말을 할 때 너무 교만하지 말고 나중에 물러설 여지를 남겨 실패를 면하도록 해야 함을 반드시 기억하자.

말하기도 일하는 것과 마찬가지로 극단적으로 하지 말고 여지를 남겨야 한다.

실의에 빠진 사람 앞에서
지나치게 자랑하지 말자

많은 사람들이 다른 사람 앞에서 득의양양하여 거만한 태도로 자기 자신을 과시하는 것을 좋아한다. 특히 많은 사람들 앞에서는 조금도 지체하지 않고 자기 자신을 드러내어 더 많은 사람들의 칭찬과 부러움을 사고자 한다.

객관적으로 보면 자신의 자랑스러운 일을 말하는 것 자체는 크게 비난받을 일은 아니다. 의기왕성한 사람이라면 누군들 이런 적이 없겠는가? 그러나 자신의 자랑스러운 일을 말할 때 장소와 대상에 주의해야 한다. 연설하는 공개적인 장소에서는 자신의 자랑스러운 일을 크게 강조하여 말해도 되지만 개인적인 모임에서 자신의 성공을 과시하는 것을 적절치 않다.

또한 자신의 성공에 대해 대다수 사람들에게 말해도 되지만 실의에 빠진 사람에게는 말하지 않도록 주의해야 한다. 실의에 빠진 사람 앞에서 자신의 성공을 말하는 것은 상대방의 아픔을 들추어내는 것이나 다름없다. 그가 볼 때 당신의 자랑은 풍자와 조소의 의미가 될 것이고 그에게 상처가 될 수 있다. 물론 어떤 사람들은 당신이 어떤 말을 하든 듣고 싶은 것만 듣고 개의치 않아 영향이 크지 않을 수 있지만 이런 사람들은 극히 드물다. 그러므로 실의에 빠진 사람 앞에서 자신을 뽐내고 자랑하는 것은 최대한 피하는 것이 좋다. 그렇지 않으면 당신의 이미지가 실추될 수 있고 인간관계에도 영향을 미칠 수 있다.

샤오이는 가까운 친구들 몇 명을 집에 초대하여 함께 식사를 하기로 하였다. 샤오이가 친구들을 초대한 목적은 시끌벅적한 분위기를 빌려 한 친구의 우울함을 달래주기 위해서였다. 그 친구는 얼마 전 경영 부진으로 자신의 회사를 접었고 은행 빚까지 지게 되어 어려운 처지에 놓여 있었다.

자리에 모인 친구들 모두 그 친구의 상황을 알고 있어서 식사를 하고 이야기를 나눌 때에도 모두 이 일을 언급하길 피했다. 그중 한 친구는 사업이 잘되어 얼마 전 큰돈을 벌었는데 술을 몇 잔 마시고는 참지 못하고 자신의 사업 수완과 앞을 내다볼 줄 아는 안목을 자랑했다.

"그때 나는 좋은 기회라고 생각해 바로 자금을 투자했지……. 내 남다른 안목 덕분에 숨은 사업 기회를 찾을 수 있었지……."

얼굴에 미소를 띠고 득의양양하게 쉴 새 없이 떠드는 모습에 친구들은 모두 불편해졌다. 샤오이를 포함한 다른 친구들도 마음이 편치 않았고 실의에 빠져 있던 친구는 더욱 말할 것도 없었다. 결국 그 친구는 한 마디 말도 없이 난처한 얼굴로 화장실을 다녀왔다가 또 담배를 피러 밖으로 나가버렸다.

모임은 어색한 분위기 속에서 끝이 났다. 샤오이가 실의에 빠진 친구를 배웅해 주자 문 앞에서 친구가 말했다.

"샤오판이 아무리 능력이 있고 돈을 잘 번다지만 굳이 내 앞에서 저렇게까지 해야겠나? 내 오늘 그를 다시 봤다!"

그는 말을 마치고 화를 내며 떠났다.

그 후 이 친구는 샤오판이 참가하는 모임은 절대 나오지 않았고 다시는 샤오판을 만나지 않았다. 두 사람의 관계는 그렇게 끝이 났다.

반대로 실의에 빠진 사람 앞에서 상대방의 처지를 이해하고 동병상령의 심정을 표현한다면 상대방의 호감을 얻을 수 있다.

샤오자오의 친구는 경영 부진으로 자신이 운영하던 회사를 닫았다. 그의 아내는 생활고를 견디지 못해 그에게 이혼을 요구했다. 일과 가정에서 동시에 어려움을 당한 친구는 큰 실의에 빠졌다.

샤오자오는 친구에게 자신도 비슷한 일로 고민했고 슬럼프에 빠진 적이 있었지만 결국은 아내와도 사이좋게 화해하고 이해를 얻어 지금 두 사람은 아주 잘 지내고 있다고 말했다.

친구는 샤오자오의 말을 듣고 살다 보면 누구나 슬럼프에 빠질 때가 있고 일이 생각대로 되지 않을 때가 있다는 사실을 깨달았다. 그리고 지나치게 낙심하지 말고 용감하게 슬럼프를 극복하고 재기할 방법을 생각해야 한다는 사실도 함께 깨달았다. 그는 샤오자오의 조언에 큰 감동을 받았고 더 이상 슬픔에 빠져 있지 않고 용감하게 도전을 받아들이기로 결심했다.

당신에게 자랑할 만한 일이 있다면 잘되는 사람에게 말하고 실의에 빠진 사람 앞에서는 과시하지 말자. 설의에 빠진 사람에게 자기 자랑을 쉴 새 없이 떠들면 상대방은 마음속에 불만과 원한을 가질 수 있고 심지어 당신에게 후환을 가져올 수도 있다.

자신의 성공에 대해 대다수 사람들에게 말해도 되지만 실의에 빠진 사람에게는 말하지 않도록 주의해야 한다.

제2부

적절한 말을 하자

사람은 적절한 말을 받아들인다

낯선 사람과 소통하고 교류하는 것은 아주 중요하다. 만남의 시작을 잘 열면 이후 서로의 교류를 위해 좋은 기초를 쌓을 수 있다. 그러나 시작이 엉망이라면 분명 이후 서로의 교류에 어려움과 장애를 가져올 수 있다. 따라서 낯선 사람과 소통하고 교류할 때 일정한 기술이 있어야 한다. 이러한 교류의 기술을 잘 이해하고 활용하면 낯선 사람과 더 순조롭게 교류할 수 있다.

제6장

낯선 사람과 대화할 때 능숙하게 대화를 주도하자

다른 사람이 쉽게 기억할 수 있도록 자신을 소개하자

사회생활에서 낯선 사람을 만났을 때 자기소개가 빠질 수 없다. 자기소개는 상황에 따라 간단하게 자신의 이름과 신분을 소개해도 될 때가 있는 반면 어떤 경우에는 조금 더 상세하게 자신을 소개해야 할 때도 있다. 상세한 자기소개는 일반적으로 이름, 나이, 직업, 사는 곳, 경력, 특기 등에 대한 소개가 포함된다. 자기소개는 장소와 환경에 따라 주로 다음의 몇 가지가 있다.

사교식 소개

이 방법은 가장 간단한 자기소개 방법으로 일반적으로 자신의 이름만 소개하면 된다. 예를 들어 "안녕하세요. 저는 천징이라고 합니다. 여러분을 만나 뵙게 되어 영광입니다." 이러한 소개는 공공장소와 일반적인 사교 장소에 적합하다.

업무식 소개

이 자기소개 방법은 비교적 상세하여 일반적으로 이름, 소속 회사, 직무 및 구체적인 담당 업무에 대한 소개가 포함되며 일반적으로 개인적인 모임에서 사용하기 알맞다.

교류식 소개

이 자기소개 방법은 주로 교제할 대상을 찾기 위해 대화할 때 하는 소개에 해당된다. 상대방에게 자신을 알리고 이해시켜 상대방과 연락을 지속하길 원하는 것이다. 따라서 이러한 소개는 비교적 상세하며 대화 상대에 따라 소개할 내용도 다르다. 일반적으로 이름, 직업, 고향, 학력, 취미 및 어떤 사람과의 관계 등에 대한 소개가 포함된다.

예의식 소개

이 자기소개 방법은 우정과 경의를 표하는 방법이다. 일반적으로 보고, 공연, 행사 등의 상황에 적합하고 일반적으로 이름, 회사, 직무에 대한 소개가 포함된다. 소개할 때 경어와 겸어를 사용하여 타인에 대한 존중을 표하는 것이 좋다.

진실하고 자연스러운 태도

자기소개를 할 때는 미소를 띠고 진실하고 자연스러워야 하며 온화한 태도로 비굴하지도 거만하지도 않으며 당당해야 한다. 목소리는 분명하고 또렷해야 하고 우물쭈물하고 모호해서는 안 된다. 말투는 자연스럽고 속도도 적당해야 한다.

적당한 길이

자기소개의 내용은 구체적인 상황에 따라 정해진다. 일반적으로 모임이나 강연에 참석하거나 우연한 만남에서는 간단하게 소개를 하면 된다. 그러나 구직을 할 때나 연애, 입찰 또는 한층 깊은 관계를 만들고 싶을 때는 비교적 상세하게 소개해 한층 더 깊이 교류할 수 있다.

적당한 시간

자기소개는 시간을 잘 조절해 간결하게 해야 한다. 일반적인 자기소개는 대개 30초 정도가 적당하며 가급적 1분을 넘기지 않아야 한다. 또한 소개할 시간도 적합해야 하며 상대방이 관심이 있고 여유가 있을 때 하는 것이 좋다.

적절한 내용

자기소개를 할 때 분별을 지켜서 사실을 과장해서 말하거나 쓸데없이 부풀려서는 안 된다. "나는 이렇고 저렇다."와 같은 자화자찬은 상대방의 반감을 살 수 있다. 또한 주의해야 할 점은 '아주', '최고', '제일' 등 자신을 과시하는 듯한 단어는 삼가는 것이 좋다. 이러한 자기소개는 교만하고 가볍다는 인상을 남길 수 있다.

조리 있는 구성

자기소개는 조리 있게 해야 한다. 앞뒤가 맞지 않아 허점이 드러나서는 절대 안 되며 다른 사람이 말하는 사람의 깊은 문화적 소양을 짐작할 수 있도록 해야 한다.

재치 있는 설명

자기소개의 중요한 목적은 다른 사람이 자신을 기억하도록 하는 것이다. 그러기 위해서는 자신을 지혜롭게 소개하여 다른 사람에게 깊은 인상을 심어주고 자신을 기억할 수 있도록 방법을 잘 생각해야 한다.

자기소개를 할 때는 우선 자신의 이름을 소개해야 한다. 다른 사람이 자신의 이름을 기억하게 만들려면 성과 이름 사이에 설명을 더할 수 있다. 이렇게 하면 상대방은 자신의 이름을 빨리 외울 수 있을 뿐만 아니라 말하는 사람의 문화적 소양과 재치를 느낄 수 있다. 예를 들어 이름이 이안李安이면 이렇게 소개할 수 있다.

"여러분, 안녕하세요. 저는 이안입니다. '이'는 당 태종 이세민과 같은 '이'고 '안'은 나라를 안정되게 한다는 뜻의 '안'입니다, 부모님께서 저에게 이 이름을 주신 것은 이세민처럼 나라를 안정되게 하는 큰 인물이 되길 바라셨기 때문입니다."

이렇게 말하면 이안의 이름은 쉽게 기억될 수 있다.

자신의 특징을 소개하여 사람들에게 깊은 인상을 남길 수도 있다. 예를 들어 한 면접 대상자가 자신을 이렇게 소개했다.

"안녕하세요. 저는 위안펑동이라고 합니다. 저는 랴오닝 성 푸순 시 신빈 만주족 자치현에서 왔습니다. 이곳은 누르하치가 기병한 곳이며 저의 선조는 상황기镶黃旗로 제 몸에는 귀족의 혈통이 흐르고 있습니다……."

이렇게 소개하면 그의 몸에 귀족의 혈통이 정말 흐르는지와 관계없이 자신의 특징을 드러낼 수 있다. 그가 언급한 누르하치, 상황기, 기병이라는 단어는 이미 여러 사람들이 그를 기억하도록 만들기 충분하다.

자기소개를 할 때는 미소를 띠고 진실하고 자연스러워야 하며 온화한 태도로 비굴하지도 거만하지도 않으며 당당해야 한다.

처음 만났을 때 이렇게 하면 사이가 더 가까워질 수 있다

낯선 사람과의 첫 만남은 아주 중요하다. 말을 적절하게 하면 서로의 심리적 거리를 줄이고 낯선 관계를 친근하게 바꿀 수 있어 이후 교류하고 소통하는 데 좋은 감정의 기반을 다질 수 있다. 그러나 말을 적절하게 하지 못하면 서로의 관계가 단절되고 심지어 관계가 악화될 수도 있다.

첫 만남을 어떻게 해야 상대방의 호감을 이끌어낼 수 있고 낯선 관계를 친근하게 바꿀 수 있을까? 여기에는 많은 법칙이 있다.

우선 낯선 사람과 접촉할 때 반드시 예의를 갖추고 다정해야 한다. 그렇게 해야 처음 만났을 때 상대방에게 좋은 인상을 남길 수 있다.

한 대형 회사의 회장이 사람들에게 인기가 있어 회사 내 천여 명의 직원들이 모두 그를 존경했다. 이는 그의 다정하고 배려심 많은 성격과 관계가 있었다.

어느 날, 그가 회사에 갔을 때 한 청소부와 마주쳤다. 이 청소부는 20세밖에 안 되어 보였고 온 지 얼마 되지 않아 일을 대충대충 처리했다. 그가 고개를 들어 회장을 보자 그만 당황하여 뒷걸음질을 치다 폐수통에 부딪히고 말았다. 그는 더욱 긴장해 비틀거리며 넘어져 폐수통을 넘어뜨렸다. 이에 회장의 바지에 오물이 튀었다. 회장은 전혀 개의치 않고 재빨리 다가가 그를 부축했다.

"아이고, 괜찮아요?"

청년은 회장에게 해고될까 봐 두려운 마음에 눈물이 그치지 않았다. 회장은 그의 마음을 알아차리고 친절하게 그를 위로했다.

"정말 고생이 많아요. 아버님은 잘 지내시죠!"

청년은 더욱 뜨거운 눈물을 흘렸.

얼마 후 회장의 비서가 회장에게 물었다.

"예전에 저 사람을 알고 계셨나요?"

회장이 말했다.

"나도 처음 봤어요. 그런데 가족의 안부를 물으면 그에게 위로가 될 수 있잖아요!"

회장은 이렇게 직원들에게 다정하고 세심하게 관심을 가지고 안부를 물었다. 그래서 직원들의 마음을 얻고 좋은 인간관계를 만들 수 있었으며 직원들의 열정을 고무시킬 수도 있었다.

다음으로 상대방과 관계있는 일을 최대한 많이 이야기해야 한다.

사람은 누구나 자신에게 관심을 가지게 마련이다. 다른 사람과 만났을 때 상대방에 대한 관심과 배려를 적절하게 드러내고 최대한 상대방과 관계있는 일을 이야기하면 상대방을 기쁘게 만들 수 있다.

한번은 송시가 계좌이체를 하러 갔다. 그날 일을 처리하러 온 사람들이 많아서 젊은 여직원은 바쁘게 매우 빠른 속도로 이 전표 저 전표를 작성하였다. 그녀가 송시에게 수표를 줄 때 송시는 그녀를 보며 칭찬했다.
"정말 글씨를 잘 쓰시네요. 글씨도 예쁘고 속도도 빠르시네요."
젊은 여직원은 놀라서 얼굴이 발그레해져 겸손하게 말했다.
"아니에요. 아직 멀었어요."
송시는 말했다.
"정말 훌륭해요. 예전에 전문적으로 배우셨어요?"
여직원은 고개를 끄덕였다. 송시는 연이어 진심으로 몇 마디 칭찬을 건넸다.
그 만남은 두 사람에게 좋은 인상을 남겼고 그 후 송시와 이 여직원은 친한 친구가 되었다.

마지막으로 융통성 있게 말할 수 있어야 한다. 어떤 일을 할 때 일정한 규칙이 없듯이 모든 일은 때에 따라 융통성 있고 지혜롭게 처리할 수 있어야 좋은 결과를 얻을 수 있다.

혼잡한 버스 안에서 한 남자가 실수로 아가씨의 발을 밟았다. 아가씨는 아프고 화가 나 보였다.

남자는 황급히 사과했다.

"죄송합니다. 죄송합니다. 고의가 아니었습니다."

아가씨는 아무 말도 하지 않았지만 얼굴은 여전히 화난 표정이었다. 남자는 여자의 표정을 보고 자신의 발을 앞으로 내밀며 진지하게 말했다.

"정 그러시면 제 발을 밟아서 화를 푸세요!"

아가씨는 남자의 유머에 웃음이 터졌고 고개를 숙이고 웃기 시작했다. 그 후 두 사람은 서로 한 마디씩 주고받으며 이야기하기 시작했다.

남자는 유머를 사용하는 방법으로 아가씨를 웃게 만들어 갈등을 풀었고 이를 화제로 삼아 대립 관계를 부드럽게 전환시켰다.

다른 사람과 만났을 때 상대방에 대한 관심과 배려를 적절하게 드러내고 최대한 상대방과 관계있는 일을 이야기하면 상대방을 기쁘게 만들 수 있다.

적절한 화제를 찾아
대화를 이어가자

어떤 사람들은 낯선 사람과 만나는 것을 두려워한다. 어떻게 말을 꺼내야 할지 또 어떻게 해야 말을 잘할 수 있는지 알지 못하기 때문이다. 결론적으로 이런 사람들은 낯선 사람과 어떻게 대화를 시작해야 할지 알지 못한다.

사실 대화를 잘 시작하는 것은 그리 어렵지 않다. 세심히 헤아리고 일정한 말의 기술을 터득하여 거기에 진실한 태도를 더하기만 한다면 상대방에게 환영을 받고 대화를 매끄럽게 이어나갈 수 있다.

보통 다음의 몇 가지 방법으로 낯선 사람과 대화를 시작하면 환영을 받을 수 있다.

반인법攀認法 – 서로의 연결 고리를 찾는 방법

처음 만났을 때 상대방과 어떤 관계인지 알고 있는 경우 서로의 연결 고리를 찾아 빠르게 가까워질 수 있다. 예를 들면 "저는 당신의 누님과 같은 반 친구입니다." 또는 "우리 아버지께서 같은 회사에서 근무하셨습니다.", "저희는 같은 학교를 졸업했습니다." 등이 있다. 이러한 짧은 한 마디가 두 사람의 거리를 좁히고 친근하게 만들 수 있다.

이 방법을 이용해 대화를 시작하려면 우선 여러 경로를 통해 만날 사람과 어떤 관계로 '연결'되어 있는지 알아야 한다. 또는 상대방의 소개에서 자신과 어떤 공통점이 있는지 주의를 기울여 관계를 '연결'시켜야 한다.

레이건 대통령이 중국에 우호 방문을 했을 당시, 푸단 대학교에서 강연을 했을 때 전혀 만난 적이 없는 백여 명의 학생들과 마주했다. 그는 말했다.

"사실 저는 여러분의 학교와 밀접한 관계가 있습니다. 여러분의 학장님과 저의 부인은 미국 스미스 칼리지의 교우입니다. 이렇게 보면 우리는 모두 친구입니다."

말을 마치자 현장은 우레와 같은 박수 소리로 가득 찼다.

만일 서로 간에 어떤 공통점이 있는지 도저히 찾을 수 없다면 질문을 던져 힌트를 얻을 수 있다. 상대방에게 질문을 던진 후 그 안에서 연결 고리를 찾아 대략적으로 파악을 한 뒤 이야기를 하면 더욱 능숙하게 대화를 이어나갈 수 있다. 예를 들어 모임에서 옆 좌석에 낯선 사람을 만나면 이렇게 질문할 수 있다.

"주인과 동료세요, 동향이세요?"

그 후 상대방의 대답에 이어 대화를 이어가는 것이다.

공유법恭维法 – 상대방을 치켜세우는 방법

처음 만났을 때 상대방이 유명 인사이고 어느 정도 지명도가 있다면 상대방을 치켜세우는 방법으로 대화를 시작할 수 있다. 예를 들면 "마 사장님, 일찍이 사장님의 전설적인 창업 이력을 들어 매우 존경해왔습니다!" 또는 "이 선생님, 저희 시를 위한 선생님의 공로는 업계에서 잘 알려져 있습니다. 정말 존경스럽습니다!"라고 할 수 있다.

주의해야 할 점은 이 방법을 사용할 때 반드시 정도를 지켜야 한다. 제멋대로 치켜세우거나 사실보다 과장해서 말해서는 안 되고 빈말이나 상투적인 말은 적게 해야 한다. 동시에 그 내용은 사람과 시간, 장소에 적합해야 하고 듣기에 거짓됨이 없이 자연스러워야 한다.

상대방을 치켜세운 뒤 구체적인 상황을 보고 대화를 이어갈 수 있다. 가장 자주 사용되는 방법 중 하나는 상대방의 눈부신 이력에 대해 질문을 하여 상대방의 대답을 이끌어내는 것이다.

대입법代入法 – 즉석에서 이야깃거리를 찾는 방법

당시 상황의 인물, 사건, 장면 및 기타 소재를 화제로 삼아 대화를 시작하는 것이다. 예를 들어 상대방의 이름, 고향, 직업, 옷 등을 즉석에서 이야깃거리로 삼는 것이다. 또한 많은 사람들이 관심을 가지는 사건을 대화 소재로 삼을 수도 있다.

이러한 화제는 대개 비교적 대중적이고 많은 사람들이 몇 마디 하고 싶어 하고 또 할 수 있다. 바로 그렇기 때문에 이러한 화제는 종종 좋은 효과를 얻는다. 예를 들어 상대방이 실크 옷을 입고 있는 것을 보면 이렇게 질문할 수 있다.

"옷이 정말 예쁘시네요. 실크인가요? 정말 매끌매끌하네요."

순취법循趣法 – 상대방의 흥미를 화제로 삼는 방법

낯선 사람의 흥미에 맞춰 대화하는 것이다. 만약 상대방이 군사에 대해 관심이 있다면 군사를 주제로 토론을 펼칠 수 있다. 만약 당신도 군사에 대해 관심이 있어서 평소에 군사와 관련된 지식을 쌓았다면 분명 순조롭게 대화할 수 있을 것이다. 설령 이 분야에 지식이 없더라도 인내심 있게 경청하고 적절한 때에 질문을 던지면 화목하고 원만한 분위기 속에서 대화를 이어갈 수 있다. 예를 들어 상대방이 바둑을 좋아한다는 사실을 알면 이렇게 질문할 수 있다.

"바둑을 좋아하시는 걸로 알고 있는데 마침 저도 바둑을 좋아합니다. 그런데 실력이 좋지 않아서 바둑에 대해 가르침을 얻고 싶습니다……."

이렇게 대화를 자연스럽게 시작할 수 있다.

처음 만났을 때 상대방과 어떤 관계인지 알고 있는 경우 서로의 연결 고리를 찾아 빠르게 가까워질 수 있다. 그리고 치켜세우는 말은 사람과 시간, 장소에 적합해야 하고 듣기에 거짓됨이 없이 자연스러워야 한다.

대화의 교착 상태를
지혜롭게 해결하자

낯선 사람과 교제할 때 여러 가지 이유 때문에 대화가 교착 상태에 빠져 어색한 분위기가 되기 쉽다. 이러한 경우 실제 상황에 따라 융통성 있게 교착 상태를 해결하고 어색함을 풀어야 한다.

중재하는 것은 흔히 볼 수 있고 또 매우 효과적인 방법이다. 이 방법은 선의로 출발해 특정한 말로 긴장된 분위기를 부드럽게 만들고 인간관계를 화해시키는 일종의 언어 행위로 일상생활에서 긍정적이고 실제적인 의의를 가지고 있다.

한번은 노년의 시인과 젊은 여작가가 함께 초대를 받아 미국을 방문했다. 한가한 틈을 타 두 사람은 어느 박물관 광장에서 산책을 했다. 마침 광장에 두 명의 미국인도 산책을 하고 있었다. 그들은 중국인을 보자 친절하게 다가왔다.

중국인에 대한 친절을 표현하기 위해 그중 한 노인이 열정적으로 젊은 여작가에게 포옹하고 키스를 했다.

젊은 여작가는 매우 난처해서 멍하니 선 채로 어찌할 바를 몰랐다.

다른 미국 노인이 방금 여작가에게 포옹한 노인을 나무랐다.

"중국인은 이런 예절에 익숙하지 않아. 자네가 너무 무례했어."

포옹한 노인은 그 말을 듣고 놀라 무슨 잘못이라도 한 것처럼 한쪽에 서 있었다.

노년의 시인이 이 광경을 보고 재빨리 다가가 말했다.

"존경하는 선생님, 방금 미국을 대표하신 것이고 키스한 상대도 단지 이 여작가가 아니라 중국이시죠?

여작가를 포옹했던 미국 노인은 황급히 대답했다.

"맞아요, 맞아. 제가 키스한 상대는 중국이에요. 하하. 중국!"

말을 마치자 모두 크게 웃기 시작했다.

조금 전까지 어색했던 분위기는 시원한 웃음소리에 연기처럼 사라졌다.

대화에 교착 상태가 발생했을 때 중재할 제삼자가 없을 때도 있다. 이 경우에는 그중 한쪽이 실제 상황에 따라 특수한 방법을 사용해 교착 상태를 해결해야 한다. 자신이 자신을 중재하는 것이다.

한번은 축구 해설가 황지엔샹이 네덜란드 축구 스타 질레트를 인터뷰하고 싶었다. 황지엔샹이 질레트에게 말을 꺼내자 질레트는 한 치의 망설임도 없이 거절했고 대화는 교착 상태에 빠졌다. 그러나 똑똑한 황지엔샹은 교묘한 말로 대화의 교착 상태를 해결해 인터뷰를 순조롭게 진행해나갔다. 다음은 그들의 대화다.

질레트: 미안합니다. 저는 기자 인터뷰는 받지 않습니다.
황지엔샹: 오해하셨군요. 이건 인터뷰가 아닙니다.
질레트: 그럼 뭐 하는 건가요?
황지엔샹: 저는 단지 질레트 선수를 축복하고 싶습니다. 제 손에 든 이 두꺼운 편지들 보이시죠. 모두 당신을 좋아하는 팬들이 쓴 편지입니다. 틀림없이 팬들도 모두 당신의 축복을 기원하고 싶을 것입니다.
질레트: 중국 축구 팬들 정말 감동적이네요.
황지엔샹: 당신을 좋아하는 중국 축구 팬분들을 대신해 몇 가지 질문을 해도 될까요?
질레트: 네, 좋아요. 물어보세요.

황지엔샹은 아주 똑똑했다. 질레트의 '단호한 거절'에 맞서 강하게 대응하지 않고 교묘하게 화제를 돌렸다. 새로운 화제는 상대방의 흥미를 끌었고 두 사람의 대화는 친절하고 따뜻한 분위기에서 진행되었다. 뒤이어 그는 또 교묘하게 화제를 그의 당초 목적으로 유도했다. 바로 인터뷰였다.

이렇게 화제와 동떨어진 말로 우회해서 전진하는 전략은 대화의 교착 상태를 해결하는 효과적인 방법이다. 화제와 동떨어진 말의 재료는 풍부하므로 한 가지나 몇 가지 고정된 형식에 얽매이지 말고 실제 상황에 따라 융통성 있게 사용해야 한다. 예를 들어 날씨나 연예인, 주식에 대해 이야기하거나 집안일이나 재미있는 소식, 기호 등에 대해 대화할 수 있다. 실제 상황에 따라 적절한 때에 파고 들어가야 한다.

샤오궈는 졸업 후 한 회사의 영업사원이 되었다. 한 달 후, 회사는 그를 업무차 남부 지역으로 파견했다. 이번 출장은 샤오궈가 처음으로 혼자 가는 것이라 그는 아주 흥분되었다. 열차 안에서 그는 무척 따분하여 핸드폰을 보다가 창 밖에 비친 길 풍경을 바라보았다. 그의 앞쪽에 검은 테 안경을 쓴 한 소녀가 앉아 있었다. 소녀는 아주 차분했고 성격이 내성적인 것 같았다.

샤오궈는 그 소녀와 인사를 하고 싶었지만 무슨 말을 해야 할지 몰라서 입술만 움직이다 닫았다. 소녀도 샤오궈의 모습을 보고 말을 하고 싶었지만 역시 무슨 말을 해야 할지 몰라 입을 닫은 것 같았다.

얼마가 지난 후, 소녀는 가방에서 두꺼운 책 한 권을 꺼내 읽으려고 했다. 샤오궈는 즉시 교착 상태를 해결할 좋은 방법을 생각했다.

"아가씨, 프로이트의 《꿈의 해석》을 보시네요. 철학에 관심이 있으세요? 이건 이해하기 어려운 철학책인데 읽으시다니, 정말 대단하시네요!"

소녀는 얼굴이 붉어졌다.

"다 이해는 못 하지만 이 책에 아주 관심이 있어서 열심히 읽고 있어요."

"우리 대화할 수 있겠네요. 제가 전에 이 책을 읽었는데 안에……."

샤오궈는 말하면서 소녀에게 다가갔고 두 사람은 서로 대화를 주고받으며 이야기하기 시작했다.

한 시간이 빠르게 지나갔고 소녀가 차에서 내릴 때 두 사람은 이미 좋은 친구가 되어 있었다.

이야깃거리가 풍부한 사람은 대개 대화의 교착 상태를 두려워하지 않고 여러 상황에서도 항상 적절한 화제로 교착 상태를 해결하여 대화를 계속해서 앞으로 발전시켜 나간다.

대화에 교착 상태에 발생했을 때 실제 상황에 따라 융통성 있게 해결하고 어색함을 풀어야 한다. 아울러 중재할 제삼자가 없으면 그중 한쪽이 실제 상황에 따라 자신이 자신을 중재해야 한다.

친구 사이는 특수한 관계다. 일반적으로 친구 간에는 공동의 이익이 없고 상대방을 잘 대해주는 성의만 있다. 그렇다고 해서 친구와 교류할 때 하고 싶은 말이면 무슨 말이든 마음대로 해도 된다는 것은 아니다. 설령 가장 친한 친구와 대화를 하더라도 방식에 주의해야 함을 기억해야 한다. 그래야 의미 없는 논쟁을 피하고 좋은 우정을 유지할 수 있다.

제7장

친구와 대화할 때 서로 배려하고 방식에 주의하자

친구와 대화할 때 '공감'을 표현하자

친구는 마음이 잘 맞는 사람으로 뜻이 같지 않으면 서로 어울리지 않는다. 반대로 말하면 뜻이 같으므로 서로 어울리는 것이다. 일반적으로 사람이 친구를 찾는 중요한 이유 중 하나는 바로 이러한 정서적 '공감'을 얻기 위함이다. 이는 '유유상종'의 의미와도 부합된다.

사실 사람들도 자신의 생각이나 입장, 가치관과 비슷한 사람과 어울리는 것을 확실히 좋아하고 오랜 시간이 지나면 곧 친구가 된다. 친구가 당신에게 어떤 일에 대한 느낌과 생각을 이야기할 때 당신도 그와 비슷한 느낌이나 의견을 가지고 있음을 드러내면 서로의 우정을 쌓는 데 이롭다.

순평은 작은 실수 탓에 5년간 일했던 직장을 잃었고 연이어 3년간 사귄 여자 친구도 그에게 이별을 고했다. 그는 한없는 괴로움에 빠져 자신이 정말 불행하다고 생각했다. 그는 오랜 친구인 리우단에게 괴로움을 토로했다.

"너 그거 아냐? 나는 좋아하는 일도 잃고 이어서 사랑하는 여자 친구도 잃었어. 어떻게 이런 재수 없는 일이 다 나한테 생기냐? 삶에 희망도 없고 미래는 좌절과 끝없는 고통으로만 가득한 것 같아. 살고 싶지가 않다."

"삶은 그렇게 무정한 거야."

리우단은 친한 친구의 하소연을 듣고 이렇게 말했다.

"나도 똑같았어. 예전에 우리 회사가 부도가 나서 망하자 아내도 아이들을 데리고 떠나 버렸어. 그때 나에게 삶은 어두워 보이기만 했지. 더할 수 없이 고통스러워서 나도 자살하고 싶었어. 하지만 나중에 상황이 바뀌었고 그때부터 암울한 시절에서 빠져나올 수 있었어."

연이어 리우단은 순펑에게 그때 당시와 이후에 발생한 일들을 말하기 시작했다. 순펑은 리우단의 이야기를 들으면서 생각에 잠긴 모습이었다. 마침내 순펑은 친한 친구에게 말했다.

"나 이제 새로운 생각이 생긴 것 같아. 자살하고 싶지 않아. 반드시 재기해서 잃었던 모든 것들을 찾을 것이고 이전보다 훨씬 더 잘 될 거야."

이야기에서 리우단은 다른 사람들이 이와 같은 일을 겪을 때 대개 상대방에게 당장 자살이라는 어리석은 생각을 접으라고 충고하듯이 하지 않았고 친구에게 '공감' 어린 이해를 해주었다. 일반적인 사람들의 방법은 종종 상대방을 더 고립되게 만들며 조언을 따르지 않고 여전히 원래 생각을 고수하게 만든다.

그러나 '공감' 어린 이해는 상대방이 '동병상련'의 마음을 느낄 수 있게 해주고 최소한 자신의 아픔을 함께 느낀다는 사실을 알게 해준다. 그래서 상대방의 조언을 마음속으로 받아들이고 진지하게 경청하게 만든다. 만약 그 말이 정말 상대방을 움직인다면 상대방은 대개 그 조언을 따르게 될 것이고 최소한 상황은 유리한 방향으로 발전할 수 있다.

우레이는 베테랑 음악 매니저로 많은 세계 정상급 음악가 및 가수들과 만난 적이 있다. 그는 세계적인 베이스 가수 갈리빈의 매니저였다. 갈리빈은 많은 팬들의 사랑을 받았는데 그래서인지 제멋대로 구는 버릇이 있었다. 하지만 우레이에게는 그를 다루는 방법이 있었다.

한번은 콘서트 하루 전날 갈리빈이 우레이에게 전화를 했다. 전화에서 그는 심한 감기에 걸려 온몸이 아프고 목소리가 쉬어서 내일 콘서트를 취소하고 싶다고 우레이에게 말했다.

갈리빈을 잘 아는 우레이는 그의 제멋대로 구는 버릇이 또 도졌음을 알아 차렸다. 하지만 그는 그를 타이르지 않았고 '안 된다.'고 말하지도 않았다. 그렇게 말하면 상대방은 원래 의견을 더욱 고집할 것이기 때문이었다.

우레이는 전화를 끊고 갈리빈이 묵고 있는 호텔로 찾아가 그에게 말했다.

"친구, 자네 말대로 감기가 심하군. 정말 안 됐어. 나도 마음이 아프네. 자네가 지금 할 일은 콘서트 생각은 하지 말고 푹 쉬는 거야. 비록 몇천 달러를 잃겠지만 자네 건강에 비하면 그건 아무것도 아니야. 푹 쉬게!"

우레이의 '공감' 어린 말을 듣고 갈리빈은 감동을 받았다. 그는 잠시 생각하다 우레이에게 말했다.

"이렇게 하지. 저녁에 다시 와서 그때 내 몸 상태가 어떤지 보지."

저녁이 이르자 우레이는 또 갈리빈을 찾아가 콘서트를 바로 취소하고 푹 쉬자고 제안했다. 뜻밖에도 갈리빈은 그에게 말했다.

"나 많이 괜찮아진 것 같네. 콘서트에 참가할 수 있겠어."

우레이는 여전히 콘서트를 취소하고 푹 쉬라고 말했지만 갈리빈은 정말 괜찮아져서 콘서트에 참가하는 데 전혀 문제가 없다고 말했다."

사실 우레이는 갈리빈이 감기와는 전혀 상관없이 자신이 심각하다고 생각한 것뿐이라는 사실을 잘 알고 있었다. 하지만 우레이는 이 사실을 지적하지 않고 오히려 갈리빈의 상황을 인정해 주고 동정을 표함으로써 갈리빈이 감동하게 만들었고 결국 공연에 동의하도록 '강제로 요구'했다. 이렇게 해서 우레이의 '동정' 전략은 성공을 거두었다.

친구가 당신에게 어떤 일에 대한 느낌과 생각을 이야기할 때 당신도 그와 비슷한 느낌이나 의견을 가지고 있음을 드러내면 서로의 우정을 쌓는 데 이롭다.

칭찬과 격려는 친구를 더욱 돋보이게 만든다

친구는 인간관계에서 매우 중요한 교제 대상이다. 친구에 관해 시적인 의미가 담긴 칭찬의 글귀가 많이 있다. 예를 들면 다음과 같다.

'친구는 평생 다 읽을 수 없는 한 권의 책이다.'
'친구는 마음의 휴식을 얻을 수 있는 항만이다.'
'친구는 삶을 온기로 채워주는 한 줄기 태양빛이다.'

옛말에 '친구 간의 사이좋음은 둘이 하나가 되는 것이라는 말이 있다. 이른바 '둘'이라는 것은 서로 간에 한 사람이 다른 한 사람에게 잘 대하고 다른 한 사람도 상대방에게 잘 대하는 것을 가리킨다. 이렇게 사이좋은 '둘'이 서로 '하나'의 친구를 완성할 수 있는 것이다.

어떻게 해야 친구에게 잘하는 것일까? 말로 적당한 응원과 칭찬을 해주는 것은 수많은 방법 중 한 가지다. 많은 사람들 앞에서 친구를 응원하거나 칭찬하는 것은 친구를 인정해 주는 것이며 친구가 자신의 삶과 미래에 더욱 자신감을 가지게 한다. 또한 서로의 관계도 더욱 돈독하게 만들어 준다.

마음이 잘 맞는 두 젊은이가 함께 꽃집을 개업했다. 동업 방식은 공동 출자, 공동 경영, 리스크 공동 부담, 수익 공동 소유였다. 개업 이래 매일 많은 사람들이 다녀갔고 장사가 흥성하여 매우 떠들썩했다.

많은 사람들이 그 자리에서 두 젊은이가 경영에 일가견이 있다고 칭찬했다. 그중 한 친구가 말했다.

"모두 샤오지아 덕분이야. 예전에 나는 그가 이렇게 수완이 좋은지 정말 몰랐어. 그는 가게 안에 있는 모든 꽃 품종을 숙지하고 있는 것은 물론 그것을 어떻게 관리하고 어떤 사람에게 선물해야 적절한지도 잘 알고 있어. 그 밖에도 기획을 아주 잘해서 꽃으로 어떻게 주변 환경을 꾸미는지 알고 있어. 아무튼 그는 훌륭한 꽃집 사장이자 친구 삼기에도 아주 적절한 사람이야."

친구의 칭찬을 듣고 그 젊은이는 감동하고 흥분한 것처럼 보였다. 그는 자신이 친구의 마음속에서 그렇게 높은 위치에 자리 잡고 있었는지 생각하지 못했다. 그는 자신의 친구에 대해 아무 말도 하지 않았지만 그날 이후 더 열심히 공부하고 더 부지런하게 일해 습득한 지식도 더욱 풍부해졌다. 꽃집은 장사가 점점 더 번창했고 두 사람의 관계도 점점 더 화목해졌다.

현명한 사람은 친구를 원망하거나 헐뜯지 않는다. 항상 친구의 장점을 발견하도록 노력하고 적절한 칭찬을 해주어 친구의 더 나은 발전을 북돋운다.

친구 사이에 마찰이 발생하는 것은 매우 정상적인 일이지만 작은 문제 때문에 서로 비난하고 원망해서는 안 된다. 질책과 비판은 서로의 원망을 더 크게 만들 뿐이며 문제를 해결하는 데 이롭지 않다. 만약 이와 반대로 비판을 인정과 칭찬으로 대신한다면 어떤 결과를 만들어낼 수 있을까? 다음의 사례를 보자.

샤오야와 샤오징은 서로 오래 알고 지낸 친구로 한 무역 회사에서 같이 근무한다. 두 사람은 회사의 화물 출입을 등록 및 관리하는 일을 담당한다. 샤오야는 업무부, 샤오징은 행정부 소속이다.

업무량이 많은 데다 화물 항목도 많아서 두 사람의 장부는 종종 맞지 않았는데 그 때문에 두 사람은 서로를 자주 질책했다. 시간이 오래되자 갈등은 점점 더 깊어졌다. 한번은 두 사람이 또 싸움이 나기 시작하자 샤오징은 화를 애써 참을 뿐 샤오야에게 대놓고 따지지는 않았다. 샤오야가 간 후 그녀는 같은 사무실의 다른 동료에게 말했다.

"샤오야에게 큰 소리로 나를 비난하지 말라고 말해줘. 나쁜 성질을 못 참아 주겠어. 다시 한 번 그런 말을 하면 앞으로 상대하지 않고 모든 일을 다 알아서 하라고 할 거야."

이 동료는 잠시 생각한 후 말했다.

"좋아. 이 일은 내가 잘 처리할게."

샤오야가 장부를 확인하러 다시 행정부에 왔을 때, 샤오징은 샤오야가 훨씬 상냥하고 예의 있어진 것을 알아보았다. 말도 예전처럼 그렇게 날카롭지 않고 정말이지 완전히 다른 사람이 된 것 같았다.

샤오징은 너무 이상해서 샤오야가 가고 난 후 지난 번 말을 전한 그 동료에게 물었다.

"어떻게 된 거야? 어떻게 말한 거야? 어떻게 저렇게 많이 바뀌었지?"

이 동료는 웃으며 말했다.

"별거 아냐. 난 단지 샤오야에게 많은 동료들이 그녀가 신중하고 참을성 있고 말도 부드럽고 듣기 좋게 하고 인간관계도 좋다고 말했어. 샤오징도 자주 그렇게 말한다고 전한 것밖에 없어."

분명 이 착한 동료의 칭찬이 나쁜 성질의 샤오야를 온순하고 참을성 있게 만들었다. 만약 그가 샤오징의 말을 그대로 전했다면 아마 샤오야를 더 발끈하게 만들었을 것이다.

칭찬은 비판보다 한 사람을 더 쉽게 변화시킨다. 프랑스 철학자 로시푸코는 말했다.

"원수를 맺고 싶으면 친구보다 더 뛰어나게 행동하라. 그러나 우정을 얻고 싶다면 자신보다 친구가 더 뛰어날 수 있게 하라."

칭찬과 격려는 친구를 뛰어나게 만드는 비결이다. 이는 오래된 격언과 일맥상통한다.

"꿀 한 방울이 쓸개즙 한 통보다 파리를 더 많이 잡을 수 있다."

그러므로 친구가 어떤 일을 적극적으로 할 때 진심으로 칭찬해 주어 친구의 훌륭한 면을 알려 주자.

많은 사람들 앞에서 친구를 응원하거나 칭찬하는 것은 친구를 인정해 주는 것이며 친구가 자신의 삶과 미래에 더욱 자신감을 가지게 한다.

스스로 깨닫도록 말하면
친구는 더 잘 변화한다

친구는 서로 어느 정도 잘 아는 지인이다. 비록 친구 간에 낯설지는 않더라도 아무 말이나 마음대로 해도 되는 것은 아니다. 특히 그다지 친하지 않은 친구에게는 대개 직접적으로 말하는 것은 적절하지 않다.

그 밖에 여러 특수한 상황에서도 직접적으로 말하는 것은 적절하지 않다. 예를 들어 다른 사람과 함께 있을 때나 도움을 청할 때, 또는 지나친 요구를 할 때이다. 이러한 경우에는 구체적인 상황에 따라 서로 다른 방식을 위해 완곡하게 표현해야 한다.

완곡한 표현의 장점은 서로의 체면을 고려하여 한쪽이 불만을 가지거나 상처를 입는 것을 막을 수 있다. 또 다른 한편으로는 자신이 이루고자 하는 목적을 실현시킬 수 있다. 따라서 일석이조의 방법이라고 할 수 있다.

《송사宋史·구준전寇準傳》에 이런 이야기가 실려 있다.

송나라 때, 청두成都의 관리인 장용이 구준이 재상이 되었다는 소식을 듣고 자신의 동료에게 말했다.

"구준은 뛰어난 재능을 가졌지만 애석하게도 그의 학문은 충분치 않네!"

사실 장용의 말은 사실에 부합했다. 구준은 분명 나라를 다스리는 탁월한 재능이 있었지만 책을 많이 읽지 않아 지식이 부족한 것이 사실이었다.

구준의 친구로서 장용은 줄곧 그가 책을 많이 읽도록 충고할 기회를 엿보고 있었다. 마침내 기회가 왔다. 한번은 구준이 일이 있어 산시陝西에 왔고 장용도 마침 청두에서 사직하고 이곳으로 왔다. 구준은 장용을 극진히 대접했고 헤어질 때 장용에게 물었다.

"무엇으로 가르침이오?"

이 말의 뜻은 바로 '그대는 내게 가르침을 줄 것이 있는가?'였다.

장용은 줄곧 오랜 친구에게 책을 많이 읽을 것을 충고할 기회를 엿보고 있었던 터라 구준의 말을 듣고 마음에 들었다. 하지만 지금 이 오랜 벗은 지위가 높은 재상의 자리에 있어 책을 읽으라고 직접적으로 말하면 그의 체면을 손상시켜 그를 난처하게 만들까 걱정이 되었다. 심사숙고 끝에 장용은 천천히 구준이 이해할 수 없는 말을 했다.

"《곽광전霍光傳》은 읽지 않으면 안 되네."

당시 구준은 이 말의 의미를 이해하지 못했지만 아무 말도 하지 않았다.

구준은 수도로 돌아온 후 집으로 돌아가 《곽광전》을 찾아 처음부터 끝까지 꼼꼼히 읽었다. 그가 '배우지 않아 재주가 없이 큰 뜻을 모색한다.'는 구절을 읽었을 때 문득 크게 깨닫고 참지 못하고 말했다.

"아마 이것이 바로 장용이 내게 하려던 말이었구나!"

구준은 왜 이렇게 말했을까? 그의 상황과 곽광의 상황이 비슷했기 때문이다. 곽광은 대사마와 대장군의 직위에 있었고 이는 송나라의 재상에 해당했다. 곽광은 한나라를 위해 전쟁에서 큰 공로를 세웠으나 자신의 공로를 믿고 교만하여 배우고자 하지 않았다. 구준은 곽광의 이야기에서 오랜 친구의 말을 떠올렸고 "《곽광전》은 읽지 않으면 안 되네."라는 말에 담긴 숨의 뜻을 자연스럽게 이해했다.

장용은 오랜 친구에게 책을 많이 읽지 않아 학문이 부족하다고 직접적으로 대놓고 말하면 그의 체면을 손상시켜 그를 난처하게 만들 수 있다는 사실을 알고 있었다. 그래서 그는 곽광의 사례를 빌려 오랜 벗에게 완곡하게 충고하여 그가 곽광의 '배우지 않아 재주가 없음'을 본받지 않고 책을 많이 읽도록 만들었다. 이렇게 완곡하게 충고하는 방법을 통해 구준은 장용의 마음 씀씀이를 느낄 수 있었고 그 조언을 흔쾌히 받아들였다.

친구에게 일을 부탁할 때에도 때로는 너무 직접적이고 분명하게 말하면 상대방의 불만을 불러 일으켜 일이 좋지 않은 방향으로 발전할 수 있다. 따라서 직접적으로 말하는 것보다 완곡한 방법으로 표현하는 것이 좋다.

친구 간에 아무 말이나 마음대로 해도 되는 것은 아니다. 특히 그다지 친하지 않은 친구에게는 대개 직접적으로 말하는 것은 적절하지 않다.

사소한 일로 따져
친구를 잃지 말자

　　친구 사이에 작은 마찰이 발생하는 것은 피하기 어렵다. 원칙적인 문제가 아니라면 사사건건 따질 필요는 없다. 완벽한 순금은 없고 완벽한 사람도 없듯이 잘못을 하지 않는 친구도 없다. 작은 과실을 범한 친구에게 시시콜콜 트집을 잡으면 결국 우정을 깨뜨릴 수 있다. 친구를 대할 때 지나치게 까다롭게 굴지 말고 관용과 이해, 우애의 마음을 품고 잘 대해 주어야 한다.

　두 친한 친구가 함께 사막을 지나가고 있었다. 길을 가던 중 두 사람은 다툼이 생겨 한 사람이 다른 한 사람의 뺨을 때렸다. 맞은 사람은 아무 말도 하지 않고 모래 위에 다음과 같이 적었다.
　"내 친한 친구가 내 뺨을 때렸다."
　두 사람은 계속 사막의 깊은 곳을 향해 걸었고 전방에 갑자기 오아

시스가 나타났다. 피곤에 지친 두 사람은 재빠르게 물속으로 뛰어 들어갔는데 갑자기 뺨을 맞은 사람이 자신이 수렁에 빠지고 있는 사실을 알고 있는 힘을 다해 발버둥 치며 큰 소리로 도움을 구했다. 그의 친구는 그가 진흙 구덩이 속에 빠지고 있는 모습을 보고 위험을 불사하고 필사적으로 구해 마침내 그를 수렁에서 건져낼 수 있었다.

수렁에서 빠져나온 사람은 아무 말도 하지 않고 돌에 다음과 같은 글귀를 새겼다.

"오늘 내 친한 친구가 내 생명을 구했다!"

그의 친구는 이상해서 참지 못하고 그에게 물었다.

"왜 내가 뺨을 때린 것은 모래에 적고 자네를 구한 것은 돌에 적는가."

그는 대답했다.

"자네가 내게 빚을 졌을 때 그것을 모래에 새기니 바람이 한 번 불자 곧 없어졌다네. 자네가 내게 은혜를 베풀었을 때 그것을 돌에 새겼으니 어느 때나 잊지 않을 것이네."

친구는 그 말을 듣고 눈시울이 촉촉해져서 그를 오랫동안 꼭 껴안았다.

세상에 화해할 수 없는 원한은 없듯이 하물며 친구 사이의 작은 갈등은 어떻겠는가. 세상 모든 사람들이 친구가 될 수 있는 것은 아니므로 바꿀 수 없는 우정을 소중히 여겨야 한다. 결점과 과실이 없는 사람은 없으므로 친구가 잘못을 했을 때 입장을 바꿔 생각하면 상대방을 쉽게 이해하고 포용할 수 있다.

때로는 친구가 해서는 안 될 말을 해서 자존심을 상하게 할 수도 있다. 이때 친구 사이의 우정을 고려해 상대방을 최대한 너그럽게 포용하고 상대방이 생각하고 잘못을 고칠 수 있는 기회를 주어야 한다.

친구를 대할 때 지나치게 까다롭게 굴지 말고 관용과 이해, 우애의 마음을 품고 잘 대해 주어야 한다.

가정은 특수한 공간이다. 어떤 사람은 가정의 이치는 가르치는 곳이자 사랑을 주는 곳이라고 말한다. 이 주장은 어느 정도 일리가 있다. 어떻게 말을 해야 자신과 가장 가까운 사이의 사람이 잘 받아들일 수 있는가 하는 문제는 잘 생각해 볼 필요가 있다. 전체적인 원칙은 '이치를 가르치고' 또 '사랑을 주는' 것이다.

제8장

가족과 대화할 때 마음으로 감동시키고 이치로 설득하자

이치로 설득하면
자녀들이 말을 더 잘 듣는다

'이치로 설득하는 것'은 마치 어른들에게만 해당되는 말처럼 들린다. 그러나 많은 경우 자녀들을 대할 때도 이치로 설득하는 것이 중요하다. 이렇게 해야 자녀들이 말도 더 잘 들을 뿐만 아니라 성장에도 유익하다.

황용의 아들은 천진난만하고 활발하여 아주 귀여웠다. 아이가 네 살이 되자 유치원에 다닐 때가 되었다. 하지만 아이는 유치원에 가고 싶어 하지 않았다. 몇 번을 타일렀지만 아이는 한결같이 고개를 저었다.

황용은 화가 나서 무력으로 문제를 해결하려 했다. 아이를 방에 가두고 먹을 것과 가지고 놀 것을 주지 않았다. 그러나 이렇게 하면 과연 문제가 해결될 수 있을까? 황용은 방법이 통하지 않자 새로운 방법을 써 보기로 했다.

저녁 식사 후, 황용은 거실에서 아내와 큰 딸과 함께 색연필로 그림을 그렸다. 하늘과 땅, 아름다운 산장을 형형색색 아름답게 그렸다. 아이가 그림에 사로잡혀 자신도 참여하고 싶어 했다.

"안 돼. 넌 못 그려."

황용이 말했다.

"그림을 그리고 싶으면 우선 어떻게 그리는지 배워야 돼."

"어디서 그림 그리는 법을 배워요? 엄마 아빠가 가르쳐 줄 거예요?"

아이가 물었다.

"우린 가르쳐 줄 시간이 없어. 그러니 유치원에 가서 배워야 돼. 거기에 그림 그리는 법을 전문적으로 가르쳐 주는 선생님이 있어."

황용이 말했다.

연이어 황용은 아이에게 즐거운 유치원 생활에 대해 설명해 주었다. 그림 그리는 법과 글자도 배울 수 있고 재미있는 장난감도 많으며 친절한 선생님에 귀여운 친구들도 많이 있다고 말했다. 또 왜 유치원에 가야 하는지, 지식을 왜 배워야 하는지, 지식을 배우면 어디에 쓸 수 있는지 등을 설명하기 시작했다.

아이는 호기심이 발동하여 눈빛을 반짝였고 유치원에 대한 동경으로 가득 차 있는 것 같았다. 유치원에 대한 반감은 사라지고 이내 엄마 아빠에게 유치원에 보내 달라고 졸랐다. 바로 이렇게 문제는 원만하게 해결되었다.

황용은 가장의 권위를 이용해 아이에게 유치원에 갈 것을 강압적으로 요구하지 않았다. 그 대신 이치로 설득하는 매우 온화한 방법을 사용해 아이가 흔쾌히 유치원에 가고 싶도록 만들었다.

많은 가장들이 자녀들을 이치로 설득할 수 없다고 생각한다.

"아이가 아직 어려서 이해를 못 해!"

"아이들을 설득해봤자 시간 낭비야!"

이는 많은 가장들이 가지고 있는 생각이다. 그래서 그들은 종종 자녀들에게 왜 그렇게 해야 하는지는 설명하지 않고 강압적으로 이래라저래라 요구한다.

예를 들어 아이에게 담배와 술을 하지 말라고 훈계하면서 그것이 왜 나쁜지, 또 왜 하면 안 되는지는 말해주지 않는다.

또 어떤 가장들은 걸핏하면 가장의 권위를 이용해 자녀들에게 이래라저래라 협박한다. 그들이 자주 사용하는 말은 "네가 어떻게 하지 않으면 내가 어떻게 하겠다."이다. 이는 노골적인 협박과 다름없다. 이 방법은 대개 자녀가 어려 반항심이 약한 경우 잘 먹힌다. 다음의 대화를 보자.

아들: 수학경시대회 공부는 왜 해야 돼요? 하기 싫어요.
아버지: 왜라니. 하라면 하는 거지. 선택할 수 없어. 너 공부 안 하면 축구화는 기대하지 마라.
아들: 음, 알겠어요……. 이거 공부하는 사람 많아요?
아버지: 그럴 거다. 구체적으로 몇 명인지는 잘 모르겠지만.

아들: 네.

아이는 겉으로는 순종하고 있지만 사실 마음속으로는 부정적인 감정을 억누르고 있다. 아버지는 아들의 생각은 아랑곳하지 않고 이치로 설득하지도 않으면서 그저 자신의 말만 따르도록 요구하고 있다. 말을 듣지 않으면 축구화를 사주지 않겠다고 하면서 말이다. 이는 전형적인 협박이다. 사실 아버지가 아들의 말을 듣고 잘 타일러 주었다면 훨씬 더 나았을 것이다. 그러나 이 어리석은 아버지는 기어코 그렇게 하지 않았다.

아이는 완전한 인격체로서 자신만의 생각과 감정, 존엄성이 있다. 따라서 가장으로서 자녀의 심리적 요구를 등한시해서는 안 되며 자녀의 왕성한 지적 욕구를 억누르지 않아야 한다. 자녀를 존중하고 이치로 설득하면 자녀에게 매우 큰 영향을 준다는 사실을 알고 좋은 본보기가 되도록 노력해야 한다.

많은 경우 자녀들을 대할 때도 이치로 설득하는 것이 중요하다. 이렇게 해야 자녀들이 말도 더 잘 들을 뿐만 아니라 성장에도 유익하다.

자녀에게 하지 말아야 할 일곱 가지 말

부모는 아이의 성장 과정에 있어서 가장 중요한 사람이다. 부모의 언행은 은연중에 아이에게 그대로 학습된다. 부모로서 자녀의 삶에 본보기가 되는 중요한 역할과 영향에 주의해야 한다. 따라서 부모는 자녀와 대화할 때 자신의 언행에 주의를 기울여야 한다. 일반적으로 부모가 자녀와 대화할 때 하지 말아야 할 일곱 가지 말이 있다. 이 일곱 가지 말은 자녀의 성장에 매우 큰 영향을 미친다. 그 일곱 가지 말은 다음과 같다.

자녀의 자존심을 상하게 하는 말

어떤 부모들은 자녀에게 지나치게 엄격하고 바라는 것이 많은데다 본래 성격이 급한 탓에 자녀가 자신의 기대에 미치지 못하면 심한 말을 충동적으로 내뱉는다. 예를 들면 "너는 가망이 없는 애야!", "넌 어쯤 이렇게 멍청하니? 다른 애들보다 한참 모자란다!"

이렇게 질책하는 말은 자녀의 연약한 마음에 큰 상처를 입혀서 자신이 무시당하고 쓸모없으며 아무도 좋아하지 않는다고 생각하게 될 수 있다. 그러면 삶에 자신감을 잃고 심지어 자포자기하여 인격이 바르게 형성되지 않을 수 있다.

설령 자녀가 자신의 뜻에 미치지 못하더라도 이렇게 말해야 한다.

"성적이 다른 아이들보다 좋지는 않지만 열심히 노력하고 있으니 분명 금방 따라잡을 수 있을 거야."

자녀를 겁주는 말

겁주는 말은 심리적 안정감을 빼앗아 자녀에게 마음의 상처를 남길 수 있다. 예를 들어 어떤 부모들은 자주 이렇게 말한다.

"너 자꾸 말 안 들으면 버려 버린다!"

"시험에 또 떨어지면 집에 들어오지 마."

이는 보통 부모가 화났을 때 하는 말로 정말로 그렇게 하지는 않는다. 하지만 그들은 이러한 말이 자녀에게 미치는 좋지 않은 영향을 간과하고 있다. 한편으로는 자녀에게 불안한 정서를 심어줄 수 있고, 다른 한편으로는 만약 자녀가 부모의 바람에 미치지 못했음에도 부모가 말한 대로 실행하지 않으면 곧 신용을 잃게 된다. 바람직한 방법은 사실을 이치에 따라 설득하는 것이다.

자녀에게 명령하는 말

어떤 가장들은 자녀의 의견은 전혀 듣지 않고 항상 명령조로 이래라저래라 요구한다. 예를 들어 "집에서 계속 쓰기 연습을 해라. 나가면 안 돼.", "피아노 연습하고 수학경시대회 공부하고 수업 복습해라. 나가지 마!"

부모는 자녀가 진정 좋아하는 일이 아님에도 불구하고 자신의 바람대로 자녀에게 이래라저래라 명령한다. 이러한 강요는 분명 자녀의 창의력을 파괴하고 억압한다. 따라서 가급적 자녀에게 명령조를 사용하지 않도록 하고 의논하는 말투로 자녀와 소통하는 것이 좋다.

지나치게 예뻐하는 말

"아가, 네가 제일 중요하단다!"

"우리 보배, 엄마가 다 사줄게."

어떤 부모들은 이러한 말을 입에 달고 산다. 그러나 이는 의외로 자녀의 버릇을 망가뜨리는 말이다. 부모로서 자신의 자녀가 사랑스러운 것은 당연한 일이다. 하지만 자녀를 사랑하는 데 있어서도 정도와 방법이 있다. 지나치게 예뻐하는 말은 자녀의 버릇을 나쁘게 만들 수 있으므로 고쳐야 한다.

모욕하는 말

어떤 부모들은 자녀들도 존중을 필요로 하는 심리가 있다는 사실을 간과하고 자녀와 대화할 때 무례한 말을 자주 내뱉는다. 예를 들어 "이 방탕아!", "너는 깡패나 다름없어."라고 할 때가 있다.

이러한 말은 자녀에게 굴욕감을 느끼게 하고 부모에게 더 이상 사랑받지 못하고 아무도 자신을 좋아하지 않는다고 느낄 수 있어 마음에 큰 상처를 입힐 수 있다.

원망하는 말

아이들은 잘못을 저지를 때 종종 무력함을 느낀다. 이때 부모의 위로와 격려가 필요하다. 그러나 이때 부모가 위로가 격려는커녕 원망하는 말을 한다면 당연히 자녀들은 이미 '상처를 입은' 마음에 더 큰 상처를 입을 것이다. 따라서 "봐라, 다 너 때문이야! 다 네가 자초한 일이야!"라고 하지 말고 이렇게 말해야 한다.

"일이 이미 일어났으니 여기서 교훈을 얻으면 돼. 앞으로 이런 잘못을 하지 않도록 노력해라."

속이는 말

많은 가장들이 말썽을 부리는 자녀를 달래기 위해 무엇을 사주기로 일단 약속을 하는 경우가 많다.

"말썽부리지 마. 엄마가 퇴근하고 무선 비행기 장난감 사줄게!"

하지만 퇴근 후에도 약속은 지켜지지 않는다.

이렇게 속이는 말은 자녀들이 부모를 신뢰하지 않게 만들 수 있다. 또한 부지불식간에 자녀들도 정직하게 행동하지 않게 되고 거짓말하는 법을 배울 수도 있다. 따라서 이렇게 '임시방편으로 문제를 해결하는' 방법을 써서는 안 된다. 그 대신 실제 상황에 따라 자녀에게 이치를 분명히 설명하고 설득해야 한다.

요컨대, 부모가 자녀와 대화할 때는 반드시 언행에 주의를 기울여 자녀에게 바르고 건강한 언어 환경을 만들어주도록 노력해야 한다.

부모는 자녀와 대화할 때 자신의 언행에 주의를 기울여야 한다.

이렇게 잘못을 인정하면
상대방이 더 화내지 않는다

부부가 한 지붕 아래에서 오래 살다 보면 갈등이 생기는 것은 정상적인 일이다. 천지가 뒤집힐 정도로 크게 싸우지는 아니더라도 서로 말하지 않고 모른 체하는 냉전은 종종 발생할 수 있다. 그러나 냉전도 오래 지속되면 부부 간의 감정에 영향을 미칠 수 있다. 대체로 한쪽이 양보를 하면 다른 한쪽이 반응을 보여 결국 부부 관계가 다시 좋아진다. 어떻게 말해야 서로의 마음속에 응어리를 남기지 않고 냉전을 해소할 수 있을까? 아래 몇 가지 방법을 사용할 수 있다.

적극적으로 잘못을 인정하기

부부 간에 갈등이 발생했을 때 한쪽이 자신의 잘못을 알면 적극적으로 잘못을 인정하고 상대방에게 용서를 구한다.

샤오쉬가 타지로 출장을 갔다가 돌아오는 항공편이 고장 나 이륙할 수 없었다. 그래서 할 수 없이 다른 항공편으로 변경했다. 아내는 예정 시간에 맞춰 공항에 마중을 나갔지만 아무리 기다려도 샤오쉬가 나타나지 않았다. 샤오쉬의 아내는 직원에게 물어보고 나서야 항공편이 고장으로 취소되었음을 알게 되었다.

샤오쉬의 아내는 몹시 화가 났다. 집으로 돌아오고 나서야 샤오쉬의 전화를 받고 일정이 변경되어 다른 항공편을 타야 한다는 말을 들었다. 아내는 통화 중에 샤오쉬에게 아무 말도 하지 않았다.

샤오쉬가 집에 돌아오자 아내의 표정이 좋지 않았고 한 마디도 하지 않았다. 그는 자신이 잘못했음을 깨닫고 곧바로 잘못을 인정했다.

"정말 미안해. 내가 잘못했어. 다른 항공편으로 변경했다고 미리 전화했어야 하는데. 먼 길을 헛걸음하게 해서 내가 미안해. 화내지 마. 화내면 몸에 안 좋아. 내가 이따가 당신이 좋아하는 음식 만들어 줄게. 어때?"

아내는 이내 화가 풀려 표정이 다시 밝아졌다.

적극적으로 잘못을 인정하는 방법은 꼭 자신의 잘못을 알아야만 사용할 수 있는 것은 아니다. 설령 잘못이 자신에게 있지 않더라도 적극적으로 책임을 인정하는 태도를 보이면 화목한 관계를 회복할 수 있다.

갈등을 희석시키기

부부 간의 갈등이 크지는 않은데 기분이 좋지 않을 때가 있다. 이때 탁 터놓고 상대방에게 말을 걸 수 있다.

"여보, 뭐 해? 아직 화났어? 화내지 마. 지나간 일은 잊어버려. 말해 봤자 뭐 하겠어, 그렇지?"

이렇게 먼저 양보하면 상대방도 '더 이상 추궁하지' 않을 것이다.

또한 갈등이 없는 것처럼 상대방에게 적극적으로 말을 걸어 자신이 그것을 마음에 두고 있지 않음을 보여줄 수도 있다.

어제 저녁, 리치앙은 아내 리지엔과 집안 일로 작은 말다툼을 한 탓에 서로 한 마디도 하지 않았다. 하룻밤이 지나고 다음 날 아침 출근 전 리치앙은 아내에게 물었다.

"내 차 키 어디에 뒀는지 봤어?"

리지엔은 남편이 지난 저녁 말다툼한 일을 잊은 것 같기도 하고 또 계속 화내고 싶지도 않아서 이렇게 대답했다.

"거실 어항 옆에 둔 거 아니야?"

리치앙은 "아, 알았어." 하고 대답하며 웃으며 나갔다.

유머 사용하기

유머는 독특한 매력이 있어서 적절하게 사용하면 부부 간의 냉전을 끝낼 수 있다.

쭈통과 아내 후징은 아침에 말다툼을 한 뒤 냉전이 시작돼 서로 상대하지 않았다. 저녁이 될 때까지 두 사람은 밥도 먹지 않았다. 쭈통은 아내의 얼굴이 아직 어두운 것을 보고 여전히 화가 나 있는 것을 알았다. 그래서 얼굴에 한 가득 웃음을 머금고 말했다.

"세계 냉전도 수십 년 전에 끝났는데 우리 집 냉전은 하루 됐으니 이제 그만 푸는 게 어때? 세계를 본받아야지! 얼굴이 아직 어두운데 그늘 좀 거둘 수 없을까? 밖에 달이 둥글게 떴는데 우리 집 달도 둥글게 떠야 하지 않겠어?"

후징은 남편의 유머를 듣고 웃음을 참지 못했다. 순간 얼굴에 그늘이 걷히고 다시 밝아졌다.

중개 수단을 통해 소통하기

때로는 부부 간의 갈등의 골이 깊고 냉전이 심각해서 얼굴을 맞대고 직접 대화하는 것이 당장은 어려운 경우도 있다. 이때 '중개' 수단을 통해 소통하는 것도 괜찮다. 예를 들면 전화를 하거나 문자 등의 메시지를 보낼 수도 있고 자녀나 어른, 이웃 등 다른 사람을 통해 소통할 수도 있다.

중개 수단을 통하는 방법의 장점은 갈등이 해결될 여지를 주어 갈등을 희석시키고 해결하는 데 도움이 될 수 있다. 따라서 갈등의 골이 비교적 깊을 때 이 방법을 사용해 보는 것도 좋다.

부부 간에 갈등이 발생했을 때 한쪽이 자신의 잘못을 알면 적극적으로 잘못을 인정하고 상대방에게 용서를 구한다.

부부 간의 사랑의 대화는
이렇게 하면 감동을 줄 수 있다

사랑이 듬뿍 담긴 언어는 진심 어린 마음과 적절한 언어의 아름다운 조합으로 부부 간의 감정을 깊게 만드는 윤활유 역할을 한다. 사랑의 언어는 어떻게 전해야 할까? 어떻게 사랑의 언어가 부부 간의 감정을 깊게 만들게 할 것인가는 남편과 아내 모두가 알아야 하는 언어 기술이다.

일반적으로 남편과 아내는 아래 세 가지 방식으로 자신의 사랑을 표현한다.

직접적인 사랑 표현

격렬한 연애가 일상처럼 무미건조해졌을 때 "사랑해."처럼 뜨거운 사랑의 언어는 대개 더 이상 사용되지 않는다. 사실 "사랑해.", "보고 싶어.", "너 없이는 안 돼.", "넌 내 유일한 사랑이야." 같은 말은 아름다운 추억을 불러일으키고 서로의 마음속에 사랑의 물결을 일으킨다.

   부부 간의 직접적인 사랑 표현은 불필요한 것이 아니다. 이는 무미건조한 생활에 묘한 광채를 더해 일상을 감사와 희망으로 가득 차게 만든다. 많은 사람들이 이 점을 소홀히 여기고 심지어 무시하기도 한다. 그들은 결혼 후 무미건조한 생활을 지속하여 부부 간에 사랑이 부족하고 심한 경우 위기에 빠지기도 한다. 따라서 달콤한 사랑의 말을 결코 아끼지 말고 용감하게 표현하여 일상을 따뜻하고 아름답게 만들어야 한다.

   한 부부가 결혼한 지 십수 년이 되어 사람들 눈에 오래된 부부처럼 보였다. 평소 두 사람은 일이 바빠서 대화하는 시간이 매우 적었다. 하지만 제한적인 대화 시간에도 두 사람은 항상 사랑의 표현을 주고받았다. 아무리 바쁘더라도 "사랑해!"라고 말하는 것을 잊지 않았고, 아무리 늦게 집에 오더라도 "오늘 보고 싶었어!"라고 말했다. 이는 이미 이 부부의 삶에서 빼놓을 수 없는 일부분이 되었다.

사랑의 유머

   유머는 독특한 매력을 가지고 있어서 부부 사이에도 유머를 통해 생활 속의 스트레스를 풀고 마음을 달래주며 감정을 표현할 수 있다.

   한 쌍의 젊은 부부가 작은 일로 사이가 틀어졌다. 토라진 아내는 밥도 먹지 않고 남편을 상대하지도 않았다.

남편이 그 모습을 보고 하는 수 없이 아내를 달랬다.

"사사건건 화를 내면 몸도 상하고 머리도 하얘진대. 늙은 아내에 젊은 남편이 되면 되겠어? 나는 젊은 아내에 늙은 남편을 원한다고!"

아내는 참지 못하고 웃음을 터뜨렸다.

남편은 아내의 웃는 모습을 보고 또 말했다.

"바로 이거지! 웃는 게 우는 것보다 나아. 웃으면 십 년 젊어지고 울상 지으면 머리가 하얘진대. 웃을수록 예뻐진다구!"

아내는 애교스럽게 "젊은 아내에 늙은 남편이라니! 당신을 먼저 보낼라 조심해야겠네!"라고 말한 뒤 또 참지 못하고 웃었다.

진심 어린 관심과 배려

사실 부부 간에 사랑을 표현할 때 반드시 '사랑한다.', '보고 싶다.' 같은 표현을 써야 하는 것은 아니다. 깊은 사랑이 담긴 배려와 응원, 축복도 마찬가지로 부부 간의 진한 사랑을 드러내고 상대방을 깊이 감동시킬 수 있다. 예를 들어 부부 중 한 사람이 생일을 맞았을 때 상대방이 사랑의 선물과 함께 축복의 말을 전한다면 분명 더할 나위 없이 감동할 것이다. 한 사람이 일에 지쳐 있을 때 사랑하는 사람의 관심과 응원의 한 마디가 상대방의 마음을 따뜻하게 만들어줄 것이다.

"사랑하는 것은 쉽지만 사이좋게 지내는 것은 어렵다."는 말은 바람직하고 효과적인 소통이 부족하기 때문이다. 만약 상대방에게 언제나 한결같이 진심으로 "사랑해!", "보고 싶어!", "떠나지 않을게!"라고 말한다면 사이좋게 지내는 것도 그다지 어렵지 않을 것이다.

"사랑해.", "보고 싶어.", "너 없이는 안 돼.", "넌 내 유일한 사랑이야." 같은 말은 아름다운 추억을 불러일으키고 서로의 마음속에 사랑의 물결을 일으킨다.

이유가 충분하면
부모는 당연히 안심한다

부모와 자녀는 서로 다른 세대에 속한다. 부모와 자녀의 생각과 관념, 생활 습관, 행동 방식에는 여러 가지 원인으로 말미암아 크고 작은 차이가 있다. 바로 이 점 때문에 자녀와 부모의 의견은 종종 어긋나고 갈등은 여기에서 비롯된다. 부모의 의견과 일치하지 않을 때 자녀는 어떻게 말해야 더 효과적으로 부모를 설득할 수 있을까?

대개 어떤 일을 하기 위해 부모를 설득하려면 우선 충분한 이유를 찾은 후 적절한 시기에 부모와 대화를 해야 한다. 이유가 충분하다면 부모는 자녀가 일시적으로 원하는 것이 아니라 진지하게 고려해 본 것이라고 느낄 수 있다. 시기가 적절하다면 부모는 자녀가 그것을 중요하게 여김을 알 수 있을 것이고 따라서 진지하게 생각할 것이다.

여름 방학이 시작될 무렵, 샤오거단은 대담한 생각을 했다. 바로 방학 기간을 이용해 혼자 자전거 여행을 떠나는 것이었다. 방학 첫날 저녁을 먹은 뒤, 샤오거단은 이 대담한 생각을 꺼냈다. 예상과 달리 부모님의 반응이 이상했다.

"무슨 생각이야? 혼자 가는 건 너무 위험해!", "넌 사회 경험이 없어서 사기 당하기 쉬워. 그냥 가지 마라.", "요즘 세상이 위험해서 마음이 안 놓인다. 혼자 가는 건 안 돼. 그만 포기하렴."

쏟아지는 잔소리에 샤오거단은 할 말을 잃고 말았다. 그는 부모님을 다시 설득하고 싶었지만 어쩐지 아무 말도 할 수가 없었다.

이 문제를 객관적으로 보면 부모님은 샤오거단이 자전거 여행을 하는 것이 마음에 놓이지 않아서 반대를 하고 있음을 분명하게 알 수 있다. 사실 가장 중요한 문제는 샤오거단 자체에 있다. 그는 부모가 동의할 수 있는 충분한 이유를 들지 못했고 더욱이 부모님을 안심시킬 수 있는 방안도 내놓지 않았다. 따라서 그의 계획이 무산된 것은 이해가 되는 일이고 부모의 반대도 크게 잘못된 것은 아니다.

만약 일이 여기서 끝났다면 본보기로 삼을 만한 의미가 없다. 그러나 사실 아직 끝나지 않았다.

샤오거단은 자신의 계획이 이렇게 '무산'되어 안타까웠다. 그는 반드시 부모님을 설득하기로 굳게 결심했다. 갑자기 그는 일전에 본 뉴스 기사가 생각났다. 그 기사는 여름 캠프에 대한 보도로 요즘 중·고등학생들의 독립적인 생활 능력이 떨어져 향후 사회에 적응하기 어려울 것이라는 내용이었다.

어느 휴일, 샤오거단은 부모님께 이 문제에 대한 생각을 물었다. 예상한 바와 같이 부모님은 아이들의 독립적인 생활 능력을 배양해야 한다고 말했다. 샤오거단은 기회가 생긴 것을 보고 마음속으로 기뻤다. 그는 기회를 틈타 자전거 여행 계획을 다시 꺼내 자신의 계획이 삶을 체험하고 경험을 쌓고 독립적인 생활 능력을 키우기 위함이라고 말했다. 연이어 그는 정성을 들여 만든 여행 계획을 꺼내 허락을 받았다. 그는 한 장소에 도착할 때마다 즉시 집에 전화해 수시로 상황을 보고했다.

결국 샤오거단은 부모님이 자신의 계획에 동의하도록 설득하는 데 성공했다. 이때 그가 얼마나 기뻤을지는 말할 필요도 없다.

샤오거단은 자신의 계획에 대해 충분한 이유를 찾았다. 바로 삶을 체험하고 경험을 쌓고 독립적인 생활 능력을 키우기 위해서였다. 또 정성을 들여 만든 여행 계획을 부모님께 꺼냈다. 그제야 부모님은 안심했고 마침내 그의 여행 계획에 동의했다.

때로는 자녀가 어떤 말을 어떻게 하는지와 관계없이 부모가 절대 동의하지 않는 경우도 있다. 이러한 경우 교묘하게 다른 사람의 힘을 빌려 설득할 수 있다. 도움을 빌릴 수 있는 사람은 부모가 평소 존경하는 어른이나 친한 친구, 또는 회사 간부처럼 부모 앞에서 말을 잘할 수 있는 사람이다. 의견이 올바르고 너무 지나친 요구가 아니라면 대개 이런 방법은 효과가 있다.

주의해야 할 점은 부모는 당신의 가장 중요한 가족이라는 사실이다. 따라서 어떤 방법을 선택하든 부모에게 대들거나 화내거나 과격한 언행을 해서는 안 되며 상냥한 말투와 적절한 언어를 사용해야 한다.

그 외에 만약 자신의 의견이 옳지 않다면 부모의 동의를 얻으려고만 하지 말고 자신의 의견을 포기하고 부모의 의견을 수용해야 한다.

어떤 방법을 선택하든 부모에게 대들거나 화내거나 과격한 언행을 해서는 안 되며 상냥한 말투와 적절한 언어를 사용해야 한다.

부모와의 의견 대립은
인내심 있게 소통하여 화해하자

자녀가 점점 성장하면, 특히 자의식이 확립되는 과정에 있을 때 자녀와 부모의 의견에 비교적 큰 차이가 발생하기 시작한다. 자녀는 독립적으로 행동하려 하지만 부모는 권위자와 훈육자의 면모를 드러내는 데 익숙하여 상호 간에 충돌과 대립이 자연히 발생하게 된다.

객관적으로 보면 부모는 인생 경험이 풍부하고 문제를 다방면에서 고려하는 반면 고정 관념이 생겨 편견을 가지기 쉽다. 자녀는 인생 경험이 부족하고 문제를 단편적으로 고려하는 반면 새로운 지식을 잘 받아들이고 혁신 의식이 강하다. 따라서 부모와 자녀가 팽팽하게 맞설 때 누가 무조건 옳고 누가 무조건 그른지 단정할 수 없고 구체적인 상황에 따라 구체적으로 분석해야 한다.

이 문제를 어떻게 대할 것인가? 공자는 말했다.

"부모를 섬기되 부모가 잘못하는 것이 있으면 부드럽게 말씀드려야 한다. 그 말씀을 받아들이지 않아도 부모를 존중하며 뜻을 거스르거나 반항하지 말고 걱정스럽더라도 원망하지 말아야 한다."

공자의 이 말은 우리에게 이 문제의 해결 방향을 가리켜 준다. 부모가 잘못을 하기 전에 부모가 잘못을 하지 않도록 말씀드리고 그 일을 했을 때의 좋은 점과 나쁜 점을 설명해 이치를 깨닫도록 해야 한다.

만일 부모가 자신의 주장을 고집해 계속 뜻대로 하려고 해도 부모를 원망하지 말고 공경해야 한다. 의견 대립이 불가피하게 발생했다면 인내심을 가지고 소통하고 부모와 화해하도록 노력해야 한다. 부모와 의견 대립이 발생했을 때 다음의 몇 가지 사항을 참고해도 좋다.

마음을 가라앉히고 부모의 가르침을 경청한다

부모는 자식에게 가장 중요한 사람이다. 부모의 교육은 자녀의 성장에 있어서 가장 없어서는 안 될 인생 수업이다. 부모의 가르침 아래서 자녀는 비로소 순조롭게 성장할 수 있다. 많은 경우, 부모와 의견 대립이 발생할 때 주된 책임은 주로 자녀에게 있다. 자녀가 점차 성장하면서 자신이 모든 것을 안다고 여겨 부모의 가르침을 마음에 새기지 않고 오히려 쓸데없는 것이라 여기기 시작한다. 이렇게 귀찮아하는 마음이 생겨 부모의 가르침을 따르기 어렵게 된다.

부모가 자녀를 위해 모든 것을 바친 것을 생각해 보자. 부모의 말이 맞든 틀리든 우선 마음을 가라앉히고 부모의 가르침을 경청해야 한다. 이것은 부모에 대한 최소한의 존중이다. 만약 부모의 말이 틀렸다면 부드럽게 권유하도록 한다.

먼저 자신을 반성한 후 다시 부모와 소통한다

의견 대립이 발생하면 입장을 바꿔 생각하는 방법을 사용할 수 있다. 부모의 입장에서 문제를 자세히 살펴보고 자신이 져야 할 책임을 진지하게 생각해 본 뒤 철저하게 반성을 한다. 적절한 방법을 선택해 부모에게 자신의 잘못을 인정하고 부모와 심층적인 소통을 통해 문제를 원만하게 해결하도록 한다.

체면을 내려놓고 최대한 빨리 대치 국면을 타개한다

부모와 의견 대립이 발생한 뒤 마음이 여전히 불만에 가득 차서 자신이 맞고 부모가 틀렸다고 생각하는 경우도 있다. 자신이 부모에게 사과해야 할 게 아니라 부모가 자신에게 사과해야 한다고 여긴다. 이렇게 주장이 완고한 상황에서는 부모에게 사과하는 것이 체면을 구기는 일이라고 생각한다. 심지어 부모가 자신에게 말할 때도 듣는 둥 마는 둥 한다.

이러한 생각과 방법은 절대적으로 잘못된 것이다. 부모에게 대드는 것 자체가 이미 잘못이고 더욱이 마음속에 이런 생각을 하는 것도 또다시 잘못을 더하는 것이다. 올바른 방법은 모든 체면을 내려놓고 즉시 부모에게 사과하고 용서를 구하는 것이다.

요약하면, 자녀는 부모를 존중하고 또 존중해야 한다. 부모와 자녀

간에 이해와 지지가 필요하고 서로 입장을 바꿔 상대방의 입장에 서서 문제를 자세히 살펴봐야 한다. 부모와 의견 대립이 발생했을 때 자녀는 온화하고 선량한 태도로 인내심 있게 부모와 소통하여 갈등을 해결하도록 노력해야 한다.

부모와 의견 대립이 발생했을 때 자녀는 온화하고 선량한 태도로 인내심 있게 부모와 소통하여 갈등을 해결하도록 노력해야 한다.

원만한 동료 관계는 일을 더 즐겁고 편안하며 효율적으로 만들어 준다. 따라서 동료 간의 관계를 잘 관리해야 한다. 동료 간의 관계를 잘 관리하려면 좋은 언어로 서로 대화하고 소통하는 법을 배워야 한다. 동료 간의 관계는 비교적 복잡하여 말하고 싶은 대로 말해서는 안 되고 일정한 방법과 방식에 주의해야 한다. 무슨 말을 해야 하고 무슨 말을 하지 말아야 할지, 또 어떻게 말해야 상대방의 마음을 움직일 수 있는지 모두 주의가 필요하다.

제9장

직장 동료와 대화할 때 완곡하게 말하자

대화를 잘하면
동료 관계에 근심이 없다

동료는 특수한 지인 관계로 일반적으로 대다수의 동료 사이는 업무상 협력 관계에 그치고 일부는 동료 사이가 친구 사이로 발전하기도 한다.

동료 간에 소통할 때는 관계의 특수성 탓에 지켜야 할 몇 가지 사항이 있다. 만약 이를 잘 지키지 않으면 동료 간의 관계는 물론 사업의 발전에도 분명 영향을 미칠 수 있다.

다음은 동료 간에 대화를 할 때 참고할 수 있는 주의사항이다.

바른 태도로 대하자

동료 관계에 대한 올바른 인식은 동료 관계를 잘 관리하기 위한 전제 조건이다. 일반적으로 어떤 동료를 좋아하든 싫어하든 상대방과 대화할 때는 상대방을 이해하고 존중하는 태도로 예의 있게 대해야 한다.

말을 적게 하고 많이 경청하자

동료와 대화할 때 배운다는 자세로 상대방의 말을 열심히 경청해야 한다. 상대방의 수준이 높지 않거나 말하는 내용이 중요하지 않다고 해서 관심 없는 태도로 건성건성 듣지 말고 상대방의 말 속에서 긍정적인 요소를 찾아 발전시키거나 깨달음을 얻도록 최대한 노력해야 한다.

칭찬을 많이 하고 비판은 적게 하자

동료의 발전에 대해 진심 어린 칭찬을 하자. 상대방이 일을 잘했든 잘 어울리는 옷을 입었든 시기를 놓치지 말고 상대방을 칭찬하자. 물론 아무런 원칙 없이 칭찬해서는 안 된다. 그렇지 않으면 상대방을 아첨하는 것으로 미움을 살 수 있다.

농담도 정도를 지켜야 한다

동료 간에도 때로는 서로 농담을 주고받아 분위기를 띄우고 기분을 좋게 만들 필요가 있다. 그러나 농담도 정도를 지켜서 해야 함을 주의해야 한다. 도에 지나쳐서는 안 되고 사람에 따라서도 달라야 한다.

거절은 교묘하게 하자

동료 간에 서로 돕는 것은 지극히 정상적인 일이다. 그러나 어떤 이유로 말미암아 동료의 부탁을 거절할 수밖에 없을 때가 있다. 이 경우에는 상대방의 부탁을 거절하는 방법을 생각해야 한다. 동료의 도와달라는 부탁을 거절하려면 직접적으로 딱딱하게 거절해서는 안 되며 적당한 이유를 들어 교묘하게 전달해야 한다. 수중에 있는 중요한 일을 먼저 끝내고 도와주겠다고 말하거나 도와주고 싶지만 그 방면에 능력이 부족하다고 말할 수 있다.

상대방의 사생활은 묻지 말자

대다수의 사람들은 남이 자신의 사생활에 대해 알기를 바라지 않는다. 또 자신의 사생활을 캐는 사람에 대해 반감을 가지기도 한다. 그러므로 동료와 교류하고 대화할 때, 상대방의 사생활에 대해 관심을 드러내지 말고 더욱이 상대방의 사생활을 캐물으려고 해서는 안 된다.

동료 앞에서 상사를 험담하지 말자

어떤 경우에도 동료 앞에서 상사를 험담하는 것은 지혜롭지 못한 행동이다. 설령 그 내용이 분명 사실이더라도 그렇게 하는 것은 자기 자신에게 백해무익하다.

그 동료가 당신의 말을 상사에게 전달해 당신이 동료의 출세를 위한 발판이 될 수도 있다. 또한 당신이 말을 다른 동료에게 전할 수도 있다. 설령 다른 사람에게 말하지 않더라도 스스로에 대해 좋지 않은 인상을 남길 수 있다. 이미 동료 앞에서 다른 사람을 험담했으니 다른 사람 앞에서도 자신을 험담할 수 있다고 생각할 것이다.

어떤 동료를 좋아하든 싫어하든 상대방과 대화할 때는 상대방을 이해하고 존중하는 태도로 예의 있게 대해야 한다.

이렇게 말하면 동료의
반감을 사지 않는다

직장에서 동료와 좋은 관계를 유지하려면 적절한 언어를 사용하는 법을 배우는 일을 절대로 빼놓을 수 없다. 적절한 언어를 잘 사용하면 갈등을 해소하고 서로 간의 거리를 좁히며 상대방의 호감을 얻을 수 있다. 반면, 적절한 언어를 사용하지 않으면 동료 간의 관계가 깨질 수 있다.

샤오지엔과 샤오췌이는 같은 사무실에서 일한다. 평소 두 사람의 관계는 그런 대로 괜찮았다. 어느 날, 사장이 샤오지엔에게 중요하고 까다로운 일을 맡겼다. 샤오췌이는 질투심 때문에 가는 곳마다 다른 동료에게 샤오지엔의 능력이 자신에 훨씬 못 미치고 이번 일을 맡은 것은 다른 이유 때문이라고 말했다.

이 소식이 샤오지엔의 귀에 들어가자 샤오지엔은 샤오췌이를 찾아

갔다.

"제 능력이 부족한 관계로 이번 일을 더 잘하기 위해서는 당신의 도움이 필요합니다. 도움을 주시면 좋겠습니다."

샤오췌이는 샤오지엔의 말을 듣고 부끄러움을 느낌과 동시에 자신이 상대방에 대해 오해를 했다는 사실을 알게 되었다. 그래서 샤오지엔을 도와 이번 일을 잘 마무리 짓기로 결심했다.

동료 간의 교류와 소통은 매우 빈번하게 이루어진다. 그 가운데 적절한 언어 사용은 매우 중요하며 윤활유같이 원만한 관계를 만드는 아주 큰 역할을 한다. 그러면 동료 간에 어떻게 대화를 해야 적절한 것인가? 다시 말해 어떻게 말을 해야 동료의 반감을 사지 않고 따뜻함을 느끼게 할 수 있을까? 한 마디로 진심으로 대하고 예의 있게 말해야 한다.

동료 간에 대화를 할 때는 반드시 예의를 지켜야 한다. 부하 직원에게 말을 할 때에도 기고만장하게 감정적으로 강경한 태도를 취해서는 안 된다. 그렇지 않으면 상대방에게 허세를 부리고 불친절하다는 인상을 줄 수 있어 분명 동료 간에 있어야 할 원만한 관계를 깨뜨릴 수 있다.

상대방의 협조나 도움이 필요할 때 적절한 칭찬과 기분을 좋게 하는 말을 하면 상대방이 기꺼이 도움을 주고자 할 것이다.

"샤오티엔, 너의 높은 수준과 뛰어난 기술이라면 이렇게 복잡한 표도 그려낼 수 있을 거야. 그러니 번거롭겠지만 도움을 부탁해. 고마워!"

이렇게 하면 상대방은 대부분 기분이 좋아질 것이고 부탁도 흔쾌히 들어줄 것이다.

상대방이 당신의 도움을 필요로 할 때 거만한 태도를 보이지 말고 진실하고 친절하게 대하고 최대한 능력껏 도움을 주어야 한다.

기록 보관소에서 근무하는 샤오리의 컴퓨터가 고장이 났다. 그녀는 어떻게 해야 할지 몰라서 행정부의 마지엔에게 도움을 청하고자 찾아갔다.

"마지엔, 내 컴퓨터가 꺼졌어. 아무리 해봐도 안 켜져. 어떻게 된 건지 한번 봐 줄 수 있어?"

마지엔은 바로 대답했다.

"응, 알았어. 문제없지. 지금 바로 가서 한번 볼게."

샤오리는 아주 기쁜 마음으로 돌아갔다.

그 밖에 일부 금기를 '범하지' 않도록 주의해야 한다. 예를 들어 농담을 할 때 정도를 지켜야 하고 상대와 장소, 시간을 고려하지 않고 함부로 해서는 안 된다. 그렇지 않으면 바람직한 효과를 얻을 수 없을 뿐만 아니라 오히려 남의 기분을 상하게 할 수 있고 동료 사이의 관계를 망가뜨릴 수 있다.

또한 소통과 교류 중에 최대한 상대방의 말을 존중해야 하며 함부로 말을 내뱉어 상대방의 기분을 상하게 해서는 안 된다.

요컨대, 동료와 소통하고 교류할 때 올바른 태도를 취하고 언어 사용에 주의하면 동료 간의 관계를 증진시키고 원만하게 만들 수 있다.

소통과 교류 중에 최대한 상대방의 말을 존중해야 하며 함부로 말을 내뱉어 상대방의 기분을 상하게 해서는 안 된다.

동료와 대화할 때
반드시 정도를 지켜야 한다

동료 사이는 특수한 관계로 미묘하고도 민감하다. 서로 잘 지내면 즐겁지만 잘 지내지 못하면 마음이 불편하고 자주 보는 사이니만큼 매우 난감해진다. 더 중요한 것은 동료 관계를 잘 관리하지 못하면 향후 발생할 수 있는 업무 협력에 있어 불편한 분위기를 만들 수 있어 그 폐해가 크다. 따라서 동료 관계를 잘 관리하는 것은 매우 중요하다.

동료 간의 교류와 협력은 매우 빈번하게 이루어지지만 말을 할 때 반드시 정도를 지켜야 한다. 일단 말로 '신뢰'를 잃고 선을 넘으면 동료 사이에 원만한 관계를 유지하는 데 영향을 줄 수 있다.

리우닝닝은 대학 졸업 후 한 출판사에서 편집 보조 업무를 하게 되었다. 뛰어난 필치를 가진 그녀는 편집 보조 업무에서 재능을 발휘했고 급속하게 성장해 몇 개월 후 출판사와 관련된 일을 확실히 파악했다.

어느 날 회사에서 업무 총괄 대회가 열려 각자 전략을 발표했다. 리우닝닝의 발표순서가 되자 그녀는 인쇄 품질을 높이고 비용을 낮춰야 함을 건의했다. 마지막에 사내에서 지정한 인쇄 공장은 인쇄비용이 가장 높은 곳이라고 말을 덧붙였다.

출판사 사장은 그녀의 보고에 대해 아무 의견도 드러내지 않았지만 사내에서 인쇄를 담당하는 동료가 그녀를 보는 눈빛이 곱지 않았다. 그날 이후 리우닝닝은 업무 협의차 인쇄부에 갈 때마다 고의든 고의가 아니든 그 동료에게 괴롭힘을 당했다. 6개월 후, 리우닝닝은 사직서를 제출하고 출판사를 떠났다.

알고 보니 리우닝닝은 말에 정도를 제대로 지키지 않아 인쇄를 담당하는 동료의 마음을 상하게 만들었고 원만한 동료 관계를 깨뜨렸다. 그 동료는 리우닝닝에게 '분한 마음을 가져' 시시때때로 그녀를 곤란하게 만들었고 결국 그녀는 업무를 원활하게 할 수 없어 회사를 떠날 수밖에 없었다.

동료와 대화할 때 꼭 기억해야 할 몇 가지 금기사항이 있다.

나이가 많은 동료에게는 경솔하게 나이를 묻지 않는 것이 좋다. 행동이 신중하고 일을 잘한다고 칭찬하는 것은 좋지만 굳이 나이를 언급하지 않는 것이 좋다. 그러면 상대방도 자연히 배려하는 마음을 깨닫고 고마워할 것이다.

나이가 같은 동료와 대화할 때는 비교적 편안하게 대해도 되지만 마찬가지로 정도를 지키도록 주의해야 한다. 제멋대로 행동하거나 입에서 나오는 대로 말하면 안 되고 더욱이 무례한 언행으로 상대방의 자존심을 상하게 해서는 안 된다.

나이가 적은 동료와 대화할 때는 연장자로서 주관 없이 상대방에 따르는 것은 적절하지 않으나 격렬한 논쟁을 벌여서도 안 된다. 말을 할 때 주로 간략하게 언급하고 직접적으로 말하는 것은 피해 상대방에게 성장과 발전의 여지를 남기도록 한다.

회사 간부와 대화할 때는 먼저 존경하는 태도로 경의를 표함과 동시에 줏대 없는 사람처럼 행동하지 말고 독립적인 태도를 유지하여 상대방이 무조건 하자는 대로 하고 주관이 없는 사람으로 여기지 않도록 주의해야 한다.

이성의 동료와 대화할 때는 함부로 농담을 던져 상대방의 콤플렉스를 건드려 오해가 발생하지 않도록 주의해야 한다. 예를 들면 뚱뚱한 이성의 동료에게 함부로 '뚱보' 등으로 불러서는 안 된다.

동료 간에도 친한 사이가 있고 보통인 사이도 있다. 사이가 보통인 경우 개인적인 일을 이야기하는 것은 적절하지 않고 최근에 유행하는 화제나 연예인의 스캔들에 대해 이야기할 수 있다. 비교적 가까운 사이인 경우에는 개인적인 일을 이야기할 수 있고 의견을 나누거나 마음을 터놓고 대화를 나눌 수 있다.

모든 사람은 성격, 기호, 흥미가 모두 다르다. 만일 상대방이 완곡하게 말하는 것을 좋아하면 그 사람과 대화할 때 완곡하게 말해야 한다. 만일 상대방이 직설적으로 말하는 것을 좋아하면 그 사람과 대화할 때 직설적으로 말해도 무방하다. 그러나 상황에 따라 정도를 지키도록 주의하고 아무 말이나 다 해서는 안 된다.

    요약하면, 동료와의 대화에 있어서 반드시 정도를 지켜 부적절한 언행으로 상대방에게 상처를 주고 동료 관계에 피해를 입히지 않도록 해야 한다. 따뜻한 말로 동료의 마음을 따뜻하게 해주고 동료 간의 관계를 원만하게 유지하도록 노력해야 한다.

    동료 간에는 반드시 정도를 지켜 말해야 한다. 선을 넘으면 동료 사이에 원만한 관계를 유지하는 데 영향을 줄 수 있다.

자신을 겸손하게 낮춰
동료의 질투심을 약화시킨다

동료 간에는 질투심이 생기기 쉽다. 만약 한 사람이 회사에서 승진을 하면 승진을 하지 못한 동료는 마음이 불편해지기 쉽다. 이러한 경우 좋아하는 내색을 하거나 우쭐거려서는 안 된다. 이러한 행동은 의심할 여지없이 다른 사람의 질투를 사거나 향후 자신의 업무에 불편과 장애를 초래하는 결과를 가져올 수 있다.

올바른 방법은 승진하기 전과 같이 자연스럽게 행동하고 겸손의 말을 많이 사용하는 것이다. 이렇게 해야 자신의 뛰어난 점을 겸손하게 낮춰 동료의 질투심을 약화시키거나 없앨 수 있으며 동료들에게 존경을 받을 수도 있다.

순닝은 졸업 후 한 사료 판매 회사에서 일했다. 일 년 후, 순닝은 업무 성과가 뛰어나 대리로 승진했다.

'일한 지 일 년 만에 대리로 승진하다니 분명 내 업무 능력과 태도를 인정해 준거야. 시작이 좋아. 계속 노력해야지! 반드시 더 큰 성과를 내겠어!'

순닝은 마음속으로 기뻐하며 생각했다.

대리가 된 지 일주일 후, 순닝의 대학 동창 허징이 순닝을 축하하기 위해 찾아왔다.

"일한지 일 년 만에 대리로 승진하다니 잘했어, 순닝. 대단해!"

허징은 사무실에 들어오자마자 큰 소리로 말했다.

"아니야, 아니야. 회사에 기회가 많고 간부와 동료들이 추천해 준 덕분이야. 모두 다 훌륭하고 대단해. 난 그저 운이 좋았을 뿐이야!"

순닝은 겸손하게 말했다.

순닝의 동료 두 명도 사무실 안에 있었다. 그들은 순닝의 대답을 듣고 아무 말도 하지 않았지만 얼굴에 미소를 띤 채 허징에게 선뜻 인사했다.

"놀러 오셨어요? 앉으세요!"

생각해 보자. 만약 그때 순닝이 "별거 아니야. 내 업무 수준과 능력으로 볼 때 이 직위로 승진하는 게 정상이지. 좀 늦어서 불만인걸!"과 같은 말을 했다면 두 동료의 마음은 분명 순닝과 함께 지내기 어려울 정도로 불편했을 것이다. 이렇게 동료 관계가 훼손되고 이후 함께 지내는 데 있어 불화의 싹을 심었을 수도 있다.

그 밖에 자신의 약한 부분을 의도적으로 드러내면 동료의 심리적 부담감을 경감시켜 동료의 질투심을 약화시키거나 없애주어 보다 편한 업무 환경을 만들 수 있다.

위화는 동북사범대학 중문과를 졸업했다. 졸업 후 남부 지방의 한 대학에서 강사로 초빙되었다. 그녀의 최신 교육 이론에 대한 자신의 연구를 가르치는 데 응용하여 학생들에게 뜨거운 반응을 얻었다. 그러나 생각지도 못하게 다년간 학생들을 가르쳐 왔으나 이 방면의 연구가 부족한 교사들의 거센 질투를 불러 일으켰다.

위화는 이러한 상황을 알고 난 뒤 수동적인 국면을 변화시키고 그 교사들의 '양해'를 얻기 위해 자주 사무실 동료들 앞에서 자신의 약한 점을 크게 드러냈다. 예를 들어 학생들을 가르쳐본 경험이 부족하여 학생들에 대한 이해가 부족하고 학교 상황을 잘 알지 못한다는 것 등이었다. 이러한 말을 마친 후 그녀는 항상 "동료 여러분께서 많이 도와주시길 바랍니다."와 같은 말을 하는 것을 잊지 않았다.

바로 이렇게 위화는 자신의 여러 가지 약한 부분을 의도적으로 드러내 그녀를 질투하던 교사들의 '양해'를 얻었다. 당초 불같이 타오르던 질투심은 점차 약해져 마침내 없어졌다.

위화와 마찬가지로 어느 한 교감 선생도 자신의 여러 가지 약한 부분을 드러내 동료 관계에 새로운 국면을 열고 더욱 원만한 관계로 발전했다.

어느 성 직속의 연합 고등학교에 교감 선생이 새로 부임했다. 이 교감은 남다른 안목과 뛰어난 관리 능력으로 유명했다. 그는 성의 교학 개혁에 있어 많은 혁신을 일궈 교육부 간부들에게 높은 평가를 받았다. 교감이 정식으로 부임하기 전, 연합 고등학교의 일부 간부들이 그를 매우 비난했다. 그중 대다수는 질투심에서 비롯된 터무니없는 우려와 질책이었다.

뜬소문은 이 교감의 귀에 들어갔고 그는 아무 말도 하지 않았다. 정식으로 부임 명령이 떨어지자 그는 바로 부임했고 첫 회의에서 연설을 했다. 그는 말했다.

"저를 위해 이번 회의를 열어 주서서 감사합니다. 여러 말씀 드리지 않겠습니다. 제가 드리고 싶은 말씀은 이것입니다. 제가 오기 전 조사를 해 보았는데 우리 학교에서 소양이 가장 부족한 사람 중 한 사람이 바로 저라는 사실을 깨달았습니다. 이 자리에 계신 여러분 모두 뛰어나시고 풍부한 경험을 가지고 계시지만 저는 경험이 부족합니다. 그래서 여기에 온 첫 번째 임무는 바로 여러분에게 배우는 것입니다. 여러분 모두가 저의 스승이니 많이 가르쳐 주시길 바랍니다. 저의 두 번째 임무는 교학의 최전선에 계신 선생님들을 위해 최선을 다해 일하는 것입니다. 이 사명을 저버리지 않길 바라며 물론 이는 자리에 계신 여러분 모두의 많은 지지가 필요합니다. 감사합니다."

교감의 진솔하고 겸손한 이 연설은 질투심으로 가득 차 있던 동료들의 마음을 약하게 만들었다. 그들은 교감에 대해 친근감과 존경심이 생겨서 진심으로 박수치기 시작했다.

  질투는 마치 독사와 같아서 흔적을 남기지 않고도 사람을 죽일 수도 있고 크게 상처를 입힐 수도 있다. 그러므로 절대 동료의 질투를 사서는 안 된다. 미리 예방을 해도 좋고 추후에 고치는 것도 좋으니 훌륭한 말솜씨로 상대방의 질투심을 약화시키거나 없애서 당신의 앞길을 평탄하고 순조롭게 만들도록 노력하자.

  훌륭한 말솜씨로 상대방의 질투심을 약화시키거나 없애서 당신의 앞길을 평탄하고 순조롭게 만들도록 노력하자.

승진 후 동료에게
이렇게 '자랑'하자

승진은 정상적인 일이지만 승진 후 종종 등한시되는 문제가 하나 있다. 그것은 바로 승진 후 상대방에게 어떻게 말할 것인가이다. 승진을 하기 전 아마 당신은 일반 직원이라서 말을 어떻게 하든 영향이 크지 않았을 것이다. 그러나 승진 후에는 같은 직급이었던 동료가 당신의 부하 직원이 되고 상사가 같은 직급의 동료가 되는 관계에 변화가 발생해 서로 간에 미묘한 거리감이 생긴다. 이때 말을 어떻게 해야 서로 기분이 좋을 수 있을까?

승진자로서 '인사말'을 소홀히 여기지 말자. 이는 향후 업무와 인간관계의 발전에 있어 매우 큰 영향이 있다. 따라서 반드시 적절하게 해야 한다.

승진 후, 기존의 동료에게 말할 때 동료들과 단절되지 않도록 주의하고 그들에게 감사를 표해야 한다. 만약 당신의 승진이 상부의 임명으로 인한 것이라면 이렇게 말할 수 있다.

"사실 이번 임명은 미처 생각하지 못해 갑작스럽습니다. 그러나 기왕 제게 맡겨 주셨으니 최선을 다해 본분을 다하겠습니다. 하지만 업무를 잘 수행하려면 여러분의 많은 지지가 없어서는 안 됩니다. 먼저 여러분께 감사드리고 모두의 신임에 보답할 수 있도록 노력하겠습니다. 여러분도 무슨 문제가 있으시면 언제든지 저를 찾아주십시오. 제가 있는 힘을 다해 여러분을 돕겠습니다."

승진 후, 기존의 상사는 같은 직급의 동료가 된다. 기존의 상사에게 말할 때 겸손하고 신중한 태도를 가지도록 주의하고 감사의 뜻을 전해야 한다. 이렇게 말할 수 있다.

"저를 믿어주시고 발탁해주신 여러분께 감사드립니다. 여러분께서 제게 기회를 주시고 도와주신 덕분에 제가 두각을 나타낼 수 있었습니다. 앞으로도 많이 가르쳐 주시길 바랍니다. 감사합니다!"

이렇게 말할 수도 있다.

"여러분의 성원과 도움에 감사드립니다. 새로운 업무와 새로운 부서는 제게 있어 하나의 도전입니다. 저를 계속 도와주시고 가르쳐 주시길 부탁드립니다!"

자신이 사장이 되지 않는 한 반드시 새로운 상사를 만나게 되어 있다. 승진 후, 새로운 상사를 만났을 때 자신 있으면서도 겸손하고 신중한 태도를 드러내도록 주의하자. 이렇게 말할 수 있다.

"저를 믿어주셔서 감사합니다. 더욱 열심히 일해 저에 대한 신뢰와 기대를 절대 저버리지 않겠습니다. 새로운 부서에 처음 와서 배울 것도 많고 분명 부족한 부분이 많을 것입니다. 많이 알려주십시오. 그 외에도 부족한 부분이 있으면 지적해 주시고 많이 가르쳐 주십시오!"

요컨대, 승진 후 기존의 동료 또는 현재의 부하 직원, 기존의 상사 또는 현재의 동료, 혹은 새로운 상사와 대화를 할 때 항상 예의 있고 겸손하게 대하고 신중하고 감사히 여기는 태도를 가져야 한다.

승진 후, 기존의 동료에게 말할 때 동료들과 단절되지 않도록 주의하고 그들에게 감사를 표해야 한다.

인생에서 상사는 일정 부분 성공과 관련이 있다. 따라서 상사와 대화할 때 반드시 주의해야 한다. 직장에서 알아야 할 점으로 다음과 같은 것들이 있다. 어떻게 보고해야 상사가 화내지 않는가. 상사에게 어떻게 의견을 제안해야 상사가 잘 들을까. 상사를 어떻게 비판해야 상사가 수용할까. 상사의 잘못을 어떻게 지적해야 상사가 기꺼이 고칠 수 있을까…….

제10장

직장 상사와 대화할 때 방법에 주의하면 순조롭다

돌려서 말하면 상사를
화내지 않게 할 수 있다

예전에 '호랑이를 모시듯 임금을 모셔라.'라는 농담이 있었다. 이 말은 사실보다 다소 과장된 측면이 있지만 상사와 대화할 때 마주할 수 있는 큰 '위험'을 어느 정도 표현해준다. 부하가 말을 할 때 주의하지 않으면 상사의 심기를 건드려 질책을 받을 수 있고 심할 경우 처벌을 받게 될 수도 있다.

많은 경우 상사의 묻는 말에 대해 일부러 모른 체하고 대답하지 않아서도 안 되고 사실을 있는 그대로 직언해서도 안 된다. 이러한 경우 돌려서 말하는 방법을 사용해 위험을 피해야 한다. 다음의 우스운 이야기는 이 문제를 잘 설명해준다.

옛날에 한 현의 관리가 고상한 척하기 좋아하여 다른 사람에게 그림을 잘 그려 주었다. 그는 특히 호랑이를 그리는 것을 좋아했는데 하필이면 꼭 고양이같이 그림을 그렸다. 그는 자기가 그림을 잘 그리는 줄 알고 자주 그림을 대청에 펼쳐 놓고 사람들에게 보여주며 그림에 대한 견해를 말해보도록 시켰다.

한번은 그가 또 다 그린 '호랑이' 그림을 대청에 걸어 두고 사람들에게 견해를 말해 보도록 했다. 사람들은 모두 말없이 고개를 숙이며 감히 말을 꺼내지 못했다. 현의 관리는 아무도 칭찬하지 않자 몹시 화가 나서 새로 온 심부름꾼을 가리키며 말했다.

"자네가 말해 보게. 내가 그린 호랑이가 어떠한가?"

새로 온 심부름꾼은 몹시 겁이 나 온몸을 벌벌 떨며 말했다.

"나리, 무섭사옵니다."

현의 관리가 물었다.

"무서워? 무엇이 무서운가? 무서워하지 말게. 내가 있으니 무서워하지 말게!"

심부름꾼이 또 말했다.

"나리, 나리도 무섭습니다."

현의 관리가 의아하게 여겼다.

"내가 무서워해? 내가 무엇을 무서워하는가? 빨리 말해보라!"

심부름꾼은 또 말했다.

"나리는 임금을 무서워하십니다."

현 관리: "음, 맞지. 임금을 무서워하지. 하지만 임금은 아무것도 무서워하지 않네."

심부름꾼: "아닙니다. 임금은 하늘을 무서워합니다."

현 관리: "임금은 하늘이 보내주셨지. 하지만 하늘은 아무것도 무서워하지 않으시겠지?"

심부름꾼: "하늘은 구름을 무서워합니다. 구름이 하늘을 가릴 수 있으니까요."

현 관리: "그러면 구름은 또 무엇을 무서워하는가?"

심부름꾼: "구름은 바람을 무서워합니다. 바람이 불면 구름은 흩어집니다."

현 관리: "그러면 바람은 또 무엇을 무서워하는가?"

심부름꾼: "바람은 벽을 무서워합니다. 벽은 바람을 막습니다."

현 관리: "그러면 벽은 무엇을 무서워하는가?"

심부름꾼: "벽은 쥐를 무서워합니다. 쥐는 구멍을 낼 수 있습니다."

현 관리: "그러면 쥐는 무엇을 무서워하는가?"

심부름꾼: "쥐는 저것을 무서워합니다."

심부름꾼은 대청에 걸려 있는 그 '호랑이' 그림을 가리켰다.

현 관리는 그림을 보고 또 심부름꾼을 보더니 크게 웃기 시작했다.

심부름꾼은 현의 관리가 그린 '호랑이' 그림이 고양이 같다고 직접적으로 말하지 않고 빙빙 돌려서 완곡하게 자신의 의견을 드러냈다. 이는 분명 직접적으로 말하는 것보다 더 좋은 효과를 얻었다. 만약 그가 현의 관리가 그린 '호랑이' 그림이 고양이 같다고 직접적으로 말했다면 분명 현의 관리를 언짢게 만들었을 것이고 심지어 처벌을 받을 수도 있었을 것이다. 그러나 이렇게 완곡하고 유머 있게 돌려서 말함으로써 자신의 의견을 전달함과 동시에 현의 관리를 언짢게 만들지도 않았으니 일거양득이라 할 수 있다.

이 심부름꾼과 마찬가지로 시인 단테도 자신이 하고 싶은 말을 빙빙 돌려 교묘하게 표현했다.

단테는 베니스 집정관이 개최한 연회에 참석했다. 그는 하인이 다른 사람들에게는 모두 큼직한 생선 구이를 올리고 자신에게는 작은 생선 구이를 준 것을 보았다.

단테는 항의를 하지 않았지만 생선을 먹지도 않았다. 그리고는 손으로 작은 생선 구이 몇 개를 집어다가 마치 생선과 대화를 나누듯 귀 옆에 갖다 댔다.

집정권이 단테의 행동을 보고 매우 이상히 여겨 물었다.

"뭐 하고 계십니까?"

단테는 진지하게 대답했다.

"아, 네. 몇 년 전에 제 친구 한 명이 세상을 떠나 바다에 뿌려 주었습니다. 그의 유해가 아직 남아 있는지 궁금해 이 작은 물고기들에게 물어보았습니다."

집정권이 물었다.

"뭐라고 답하던가요?"

"자기들은 아직 어려서 지난 일은 잘 모른다며 저 큰 물고기들에게 물어보라고 하더군요."

단테는 진지하게 대답했다.

집정관은 이를 듣고 크게 웃으며 단테의 뜻을 이해했다. 그는 즉시 사람을 시켜 가장 큰 생선 구이를 단테에게 가져다주도록 하였다.

생각해 보자. 만약 단테가 직접적으로 불만을 드러냈다면 그는 큰 생선 구이를 얻지도 못했을 뿐더러 비웃음을 받았을 것이다. 그러나 그는 이렇게 돌려서 말을 함으로써 매우 좋은 결과를 얻을 수 있었다.

상사는 상사로서의 존엄이 있으므로 대개 상사의 존엄을 함부로 침해해서는 안 된다. 자신의 입장과 의견을 반드시 표현해야 할 때도 그냥 직접적으로 말하지 않아야 상사의 존엄을 침해하지 않을 수 있고 서로 불쾌해지지 않을 수 있다. 자시의 입장과 의견을 반드시 표현해야 할 때는 실제 상황에 따라 적절한 방법을 통해 완곡하게 드러내야 한다.

돌려서 말하는 방법을 사용해 위험을 피해야 한다.

뒤에서 상사를 칭찬하면 효과가 더 좋다

누구나 좋은 말을 듣고 싶어 한다. 상사도 당연히 예외가 아니다. 상사는 자신의 신분과 지위 때문에 부하의 칭찬을 더욱 듣고 싶어 한다. 설령 그 말이 진심에서 우러나온 것이 아니더라도 말이다. 사실 상사가 그럴 수밖에 없는 것은 이러한 칭찬 속에서 자신이 상사라는 기분과 함께 일종의 '안도감'을 느끼기 때문이다.

어느 회사의 지사에서 일하는 한 비서가 일을 융통성 있게 잘 처리하고 상사에게 항상 예의 바르게 대하여 많은 상사들에게 총애를 받았다. 후에 지사장이 다른 곳으로 옮겨 가서 본사가 새 지사장을 파견했다. 새 지사장이 부임하기 직전, 그는 강직한 성격으로 아첨하는 말을 듣기 싫어한다고 소문이 났다. 한 동료가 이 비서에게 말했다.

"저우 비서, 이번에는 자네의 말이 안 통할 거야."

그러나 이 비서는 장담하며 말했다.

"걱정 마세요. 분명 통할 걸요. 새 지사장님의 환심을 분명 살 수 있을 거예요."

새 지사장은 부임하던 날 환영 회의에서 말했다.

"저는 실속 없이 아부만 할 줄 아는 부하를 가장 싫어합니다. 사람은 자고로 정직해야지 일부러 아부만 해서는 안 됩니다……."

말이 끝나자 저우 비서가 자리에서 바로 일어났다.

"지사장님같이 훌륭하신 분이 회사에 몇 명이나 되겠습니까? 저희의 상사가 되어 주셔서 정말이지 영광입니다."

새 지사장은 그 말을 듣고 얼굴에 웃음을 지으며 가볍게 머리를 끄덕였다. 자리에 앉아 있던 직원들도 모두 회심의 미소를 지었다.

상사가 부하의 칭찬과 아부를 많이 들으면 성의가 없고 무미건조하다고 느끼기 쉽다. 상사를 아무리 치켜세우더라도 칭찬과 아부에 면역력이 생긴 것처럼 탐탁스럽게 여기지 않을 수 있다. 이러한 경우에는 상사의 마음에 칭찬이 와 닿게 하려면 방법을 달리해야 한다.

원타오는 한 대형 국영기업의 사장이다. 그는 재능이 있고 능력이 출중하여 회사에 적지 않은 이윤을 창출하여 고위 간부들에게 회사의 든든한 기둥으로 여김을 받았다. 그 역시 자신이 회사에 큰 공로를 세운 공신이라고 생각했다.

처음 원타오가 일에 대해 이야기할 때 부하 직원들의 한결같은 칭찬에 속으로 매우 기뻤다. 하지만 시간이 지나 판에 박힌 칭찬을 많이 듣자 그런 칭찬은 너무 단조롭고 성의도 없다고 여기게 되었다. 그래서 그는 부하들의 칭찬을 듣더라도 좋아하는 내색이 없었고 심지어 기뻐하는 모습을 조금도 비추지 않았다. 이렇게 되자 부하 직원들은 갑자기 어찌할 바를 몰라 그를 칭찬해야 할지 아무 말도 하지 말아야 할지 갈피를 잡지 못했다.

업무부에 리엔이라는 똑똑하고 눈치 빠른 직원이 있었다. 하루는 원타오가 또 한 번 큰 거래를 성공적으로 성사시켰다. 축하 모임에서 리엔은 회사의 다른 부서 동료들 앞에서 원타오를 소리 높여 칭찬하기 시작했다.

"우리 사장님은 정말 수완이 좋으시고 능력이 아주 뛰어나십니다. 인품도 겸손하셔서 자랑하는 것도 좋아하지 않으십니다. 이런 리더와 함께 일할 수 있고 많은 것을 배울 수 있다니 정말 운이 좋은 것 같습니다. 우리 모두 열심히 배우고 열심히 일합시다."

며칠 후, 이 칭찬이 원타오의 귀에 들어가자 그는 아주 즐거워하며 만족스럽게 말했다.

"이렇게 일도 열심히 하고 겸손한 직원이야말로 우리 회사가 적극적으로 키워야 할 목표네!"

그 후, 리엔은 업무의 여러 방면에서 원타오의 적극적인 관심을 받으며 성과를 순조롭게 쌓아올려 점점 회사의 핵심 인재로 성장했다.

리엔은 '평범한 길'을 가지 않았다. 그녀는 상사가 자신을 대놓고 칭찬하는 것을 싫어한다는 사실을 알고 대놓고 칭찬하는 것에서 뒤에서 칭찬하는 것으로 방법을 바꾸었다. 그 결과 성공적으로 상사의 환심을 살 수 있었고 자신의 업무에서도 길을 넓힐 수 있었다.

어떤 사람을 칭찬할 때 직접 대놓고 칭찬하는 것과 뒤에서 칭찬하는 효과는 다르다. 뒤에서 칭찬하는 것이 대놓고 칭찬하는 것보다 훨씬 더 효과가 좋다. 직접 대놓고 칭찬하면 종종 아부를 하거나 잘 보이려 한다는 오해를 살 수 있어 칭찬한 보람이 없고 칭찬의 바람직한 효과도 얻지 못한다. 그러나 뒤에서 칭찬하면 상사는 그것이 진심에서 우러나온 칭찬이라고 느껴서 칭찬한 사람에 대해 호감을 가지게 된다.

부하가 상사를 칭찬하고자 할 때, 직접 대놓고 칭찬하는 것이 적절하지 않을 수도 있다. 이런 경우 다른 동료들에게 무시당하거나 상사가 진심이 아니라고 생각할 수도 있다. 그렇다면 차라리 상사가 자리에 없을 때 적당히 그를 칭찬하는 것이 더 좋다. 이렇게 하면 앞에서 언급한 대놓고 칭찬할 때의 폐단을 막을 수 있을 뿐만 아니라 훨씬 성의 있어 보인다. 이 칭찬이 상사의 귀에 들어가면 좋은 운이 곧 따르게 될 것이다.

부하가 상사를 칭찬하고자 할 때, 직접 대놓고 칭찬하는 것이 적절하지 않을 수 있다. 이런 경우 다른 동료들에게 무시를 당하거나 상사가 진심이 아니라고 생각할 수도 있다. 그렇다면 차라리 상사가 자리에 없을 때 적당히 그를 칭찬하는 것이 더 좋다.

시기와 방법이 맞아야
상사가 듣는다

일반적으로 상사를 설득하기란 쉽지 않다. 상사는 모두 '완강한 마음'이 있기 때문이다. 따라서 상사를 설득하여 상사가 자신의 의견을 따르게 하려면 기술을 쓰지 않을 수 없다.

1939년, 국제 금융 전문가 삭스는 아인슈타인 등 과학자들의 위탁을 받아 백악관에서 루스벨트 대통령을 만나 원자 폭탄 '맨해튼 프로젝트'의 개발 비준을 설득하고자 했다.

삭스는 루스벨트 대통령을 만나 아인슈타인 등 과학자들의 의견을 전했다. 루스벨트 대통령의 반응은 예상과는 달리 그저 그랬다.

"문외한이 듣기에 아주 신기하군요. 이렇게 하죠. 그 물리학자분들께 빠른 시일 내에 성공하길 기원한다고 전해주십시오. 하지만 제 생각에는 정부가 이 일에 참여하는 것은 아직 이른 것 같군요……."

삭스는 루스벨트 대통령이 이 일에 대해 그다지 관심이 없는 것을 보고 마음이 조급해졌다. 그는 이 일이 이미 잠시도 지체할 수 없을 만큼 매우 긴박한 일임을 잘 알고 있었다. 그는 루스벨트 대통령이 이 중대한 프로젝트를 지지하도록 설득하기 위해 그에게 지난 일을 이야기해 주었다.

영국과 프랑스 전쟁 당시, 스스로 최고라 여겼던 나폴레옹도 해전에서는 수차례 패배를 당했다. 그때 한 젊은 미국 발명가 풀턴이 이 교만한 프랑스 황제를 찾아가 프랑스 전함에 증기 기관을 설치하고 목판을 철판으로 바꿀 것을 제안했다. 그러나 나폴레옹은 철판을 실은 전함이 물 위에 떠서 움직일 수 있는지 의심했다. 그는 화가 나서 풀턴을 내쫓아 버렸다.

"역사학자들은 이 시기의 역사를 논할 때 모두 나폴레옹이 풀턴의 제안을 거절했기 때문에 영국이 다행히 재난을 피할 수 있었다고 생각합니다. 만일 그때 나폴레옹이 좀 더 생각하여 풀턴의 제안을 받아들였다면 19세기 유럽의 역사는 다시 쓰였을 것입니다."

삭스는 말을 마친 뒤 루스벨트 대통령을 간절한 눈빛으로 바라보았다. 루스벨트 대통령은 말이 없었다. 분명 그는 삭스의 말에 마음이 움직여 이 일을 진지하게 생각하고 있었다. 몇 분 후, 그는 나폴레옹 시대 프랑스의 브랜디 한 병을 들어 한 잔을 가득 따라 삭스에게 건네며 진지하게 말했다.

"자네가 이겼네!"

삭스는 역사적 전고를 통해 루스벨트 대통령이 이 문제를 깊이 생각하게 만들어 마침내 그를 설득하는 데 성공했고 자신의 목적을 달성했다.

상사는 매일 고민하고 처리해야 할 일이 매우 많다. 때문에 상사가 어떤 사안에 동의하도록 설득하려면 시기를 잘 선택해 견해를 잘 전달해야 한다.

한 회사의 사장이 춘계 채용안을 기획하고 있었다. 사장이 잠시 여유가 있을 때 기획부의 직원이 그를 찾아왔다. 직원은 사무실에 들어서자마자 곧바로 찾아온 뜻을 밝혔다.

"사장님, 사장님께서 채용 계획을 세우고 계시다고 들었습니다. 제가 회사에 들어오고 싶었을 때 의욕이 가득해서 회사에서 능력을 발휘하고 회사와 함께 성장하고 싶었습니다. 그래서 채용 시에 '회사와 함께 성장합니다.', '회사는 당신과 함께 합니다.' 같은 구호를 공개적으로 제시해서 채용된 직원들이 주인 정신을 가지도록 하면 어떨까요?"

사장은 이 참신한 제안을 듣자마자 마음이 움직였다. 그는 곧장 이 제안에 동의했고 이번 춘계 채용 구호를 '회사는 당신과 함께 합니다. 함께 성장합니다!'로 확정했다.

한 사람을 설득할 때 말로 따르게 하려면 힘으로도 할 수 있지만 마음으로 따르게 하려면 전략이 필요하다. 천 근을 들어 올리려면 힘이 필요하지만 힘을 들이지 않고도 들어 올리려면 기술이 필요하다. 상사를 설득하려면 많이 생각하고 방법에 주의하여 자신이 건넨 제안이 상사의 마음속에 들어가 상사의 영혼을 건드리도록 해야 한다. 이렇게 하면 상사의 마음을 움직여 상사가 믿고 따르게 할 수 있다.

상사를 설득하려면 많이 생각하고 방법에 주의하여 자신이 건넨 제안이 상사의 마음속에 들어가 상사의 영혼을 건드리도록 해야 한다. 이렇게 하면 상사의 마음을 움직여 상사가 믿고 따르게 할 수 있다.

이렇게 의견을 제안하면 상사가 더 잘 듣는다

일반적으로 직장인들은 상사 앞에서 말로 화를 불러일으키지 않도록 입단속을 잘해야 한다. 직장에서 대놓고 직접적으로 말하는 것은 성숙하지 못한 전형적인 표현으로 여겨진다. 상사에게 의견을 제안할 때에도 완곡하게 말하도록 주의하여 직설적이거나 거칠게 말하지 않아야 한다.

대다수 상사들은 모두 자부심이 강해 스스로 지식이 해박하고 모든 일에 대해 잘 안다고 생각한다. 특히 회사 업무와 관련된 지식에 대해서는 더욱 자신이 업계 전문가라고 여긴다. 바로 이 점 때문에라도 그들은 본능적으로 자신이 무지하다는 식의 말에 거슬려 한다.

상사에게 의견을 제안할 때 "설마 모르시나요?"라고 말하면 상사를 매우 화나게 만들 것이다. 이러한 경우에는 상사에게 제안한 의견이 아무리 중요하더라도 보통 부결될 수 있다. 더 심각한 문제는 상사가 말한 사람에 대해 나쁜 인상을 가지게 된다는 것이다. 그러나 만약 "혹시 이 부분을 모르셨을 수 있습니다."라고 말한다면 상사는 존중을 받는다고 느낄 것이고 나아가 편안하고 즐거운 마음으로 부하가 제안한 의견을 받아들이고자 할 것이다.

이와 같은 직설적이고 완곡한 말의 대결은 직장에서 종종 펼쳐진다. 예를 들어 "이것은 저희의 잘못이 아닌데요……."라는 말을 사장이 들으면 분명 불같이 화를 낼 것이다. 왜냐하면 이 말의 숨은 뜻은 "우리의 잘못이 아니라 당신의 잘못입니다."이기 때문이다. 생각해보자. 어떤 사장이 이러한 말을 듣고도 무관심하겠는가. 설령 잘못이 정말 말한 사람에게 있지 않더라도 말은 이렇게 하면 안 된다.

이렇게 말해보자.

"이 일은 저희가 부족했고 분명 개선할 부분이 있습니다. 아울러 사장님께서도 ……해주시면 회사의 발전에 크게 이로울 것입니다."

이렇게 말하면 사장은 자신과 회사의 발전을 출발점으로 부하가 제안한 의견을 진지하게 고민할 것이며 적어도 크게 화를 내지는 않을 것이다.

또 다른 예로 "이것은 할 수 없습니다." 또는 "이 결정은 통찰력이 부족합니다." 등의 말은 설령 일이 정말 그렇다 하더라도 이렇게 직설적으로 표현해서는 안 된다. 이러한 화법은 한편으로는 상사에게 이 업무를 절대 해낼 수 없다고 말하는 것과 같다. 업무의 난이도가 높더라도 상사는 그렇게 생각하지 않을 수 있고 오히려 책임을 부하에게 전가할 수도 있다. 또 다른 한편으로는 상사가 판단력이 부족하고 안목이 없다고 질책하는 것과 같다.

그렇다면 상사는 당연히 언짢을 수밖에 없다. 만약 의논하는 태도로 "이 업무를 완성하려면 다소 어려움이 있겠지만 이 방향으로 노력해 볼 수 있습니다."라고 의견을 제안한다면 상사는 화를 내지 않을 것이고 심지어 부하에 대해 좋은 인상을 남길 수도 있다.

승진은 회사 내에서 민감한 일이다. 만약 자신이 발탁되어야 한다고 생각했으나 동료가 발탁된다면 당신은 분에 차서 상사를 찾아가 물을 것이다.

"왜 제가 아니라 동료가 발탁된 것인가요?"

이렇게 직설적인 표현은 상사의 인사 결정에 잘못이 있음을 질책하는 것처럼 느껴질 수 있다.

사실 회사가 직원의 승진을 결정할 때 다른 직원을 반드시 고려한다. 특히 능력이 비슷한 직원의 반응은 더욱 그렇다. 그러므로 자신이 아닌 다른 사람을 발탁하기로 결정했을 때에는 상사도 분명 이해득실을 따져보았을 것이다. 이때 이렇게 직설적으로 묻는다면 자신이 원하는 결과를 얻을 수 없을 뿐더러 오히려 상사를 언짢게 만들어 결국 자신에게 불리한 영향을 가져올 수 있다.

만일 반드시 물어볼 필요가 있다면 완곡하게 말할 수 있다.

"부장님, 저는 회사에서 벌써 3년간 열심히 일했습니다. 얼마나 큰 공로가 있는지는 감히 말씀드리지 않겠지만 노고는 분명 있습니다. 이미 풍부한 경험도 쌓았고 이제 날개를 펼쳐 회사에 더 큰 공헌을 하고 싶습니다. 또 회사에 이익이 되는 자기 계발 계획도 세웠습니다. 이 계획을 실현할 수 있는 기회를 제게 주실 수는 없는지요?"

어떤 상사라도 이렇게 이치에 맞는 제안을 들으면 모두 진지하게 고민할 것이다. 상사에게 회사가 발전할 수 있는지는 가장 중요한 목표이자 모든 업무의 핵심 사안이기 때문이다. 말 한마디로 핵심을 찌르면 판세를 뒤집을 수 있는 기회를 얻을 수 있다.

업무로 정신없이 바쁜데 상사가 또 새로운 임무를 줄 때 "지금 진행 중인 업무도 다 안 끝났어요. 새 임무는 다른 사람한테 주세요!"라고 직설적으로 말한다면 상사는 분명 기분이 언짢을 것이다. 만약 "새 임무가 중요하다는 것은 잘 알지만 지금 진행 중인 업무도 중요합니다. 진행 중인 업무를 먼저 끝내고 다른 업무를 해도 괜찮을까요?"라고 말한다면 상사는 부하의 업무량이 많다는 것을 알 수 있을 뿐만 아니라 현재 진행 중인 업무도 중요하다는 사실을 알게 된다. 만약 새 임무가 반드시 그 부하가 해야 하는 것이 아니라면 상사는 다른 사람에게 맡기거나 처리 기간을 연기할 것이다.

요컨대, 상사에게 의견을 제안할 때 표현 방식에 반드시 주의해야 한다. 진지하고 완곡한 말투로 상사의 마음에 와 닿도록 노력하여 상사의 마음을 움직여야 한다. 직설적이고 거친 표현은 대개 원하는 결과를 얻을 수 없으므로 반드시 피해야 한다.

상사에게 의견을 제안할 때 진지하고 완곡한 말투로 상사의 마음에 와 닿도록 노력하여 상사의 마음을 움직여야 한다.

이렇게 잘못을 지적하면
상사가 더 잘 받아들인다

　　　상사는 상사로서의 존엄과 체면이 있게 마련이다. 따라서 부하는 이를 마음대로 '침해'해서는 안 되며 상사를 화나게 해 자신에게 불편을 초래하지 않아야 한다. 그러나 상사는 성현이 아니다. 설령 성현이더라도 잘못을 범할 때가 있다. 상사가 부적절하거나 심지어 잘못된 지시를 내릴 때 부하로서 어떻게 대응해야 할까?

　상사가 마음대로 하도록 내버려 두는 것은 분명 적절하지 않으며 회사의 일원으로서 직업윤리에도 부합하지 않는다. 그렇다면 상사의 잘못된 지시를 바로 잡는 수밖에 없다.

　분명 상사의 잘못을 노골적으로 지적하는 것은 바람직하지 않다. 상사의 지시를 바로잡고 그 손실과 영향을 만회할 수 있는지 여부를 막론하고 이렇게 단순하고 거침없이 지적하는 방식은 대다수 상사들에게 받아들여지지 않는다. 아마 부하가 생각과 건의를 말하기도 전에 상사는 불같이 크게 화내며 부하를 쫓아낼 수도 있다. 부하의 단순하고 거침없는 태도가 상사의 자존심에 상처를 입히고 체면을 잃게 만들었기 때문이다.

따라서 상사의 잘못을 지적할 때 말하는 방식에 주의하고 상사의 존엄과 체면을 고려하여 상사가 난처함에서 벗어날 수 있는 여지를 주어야 한다. 이렇게 해야 상사가 부하의 의견을 기쁘게 받아들이고 자신의 잘못을 기꺼이 고칠 수 있다.

그러면 상사의 잘못된 지시에 직면했을 때 부하로서 어떻게 이를 적절하게 바로잡을 것인가? 다음은 검증된 효과적인 방법으로 실제 상황에 따라 참고해도 좋다.

적절한 때에 일깨우는 방법

상사가 부적절하거나 심지어 잘못된 지시를 내리는 경우, 상황을 제대로 파악하지 못했거나 어떤 방면의 상황을 잘 숙지하지 못했기 때문일 수 있다. 이러한 경우 적절한 때에 일깨워야 한다. 많은 상사들은 상황을 이해한 뒤 지시를 취소하거나 수정한다. 상사를 일깨울 때에는 너무 직설적이지 않게 완곡한 말투를 사용하여 상사를 언짢게 하지 말고 좋은 일을 나쁘게 만들지 않도록 주의해야 한다.

합리적인 이유를 들어 거절하는 방법

상사의 부적절한 지시에 직면했을 때 완곡하게 거절하는 방법을 사용할 수 있다. 이러한 방법을 사용할 때 합리적인 거절 이유를 찾도록 주의해야 한다. 직책 범위에서 출발해 이유를 찾거나 개인적인 상황에서 출발해 이유를 찾을 수도 있고 또 당시의 구체적인 상황에서 출발해 이유를 찾을 수도 있다. 어떤 측면에서 찾든 이유는 최대한 진실하고 충분해야 하며 부자연스럽게 거절해서는 안 된다.

교묘하게 암시하는 방법

상사가 내린 부적절한 지시에 직면했을 때 만약 그 지시를 실행할 수 없을 것 같거나 실행할 방법이 없으면, 암시하는 방법을 이용해 상사가 스스로 부적절함을 깨닫고 철회하게 만들 수 있다. 암시할 때에는 너무 직설적이지 않게 교묘하게 돌려서 표현하여 상사의 체면을 지켜주도록 주의해야 한다.

어쩔 수 없이 지연시키는 방법

일부 부적절한 지시의 경우 옳고 그름을 따지지 않고 규정대로 처리하다 보면 실제로 잘못을 저지르게 되는 경우도 있다. 이에 대해 부하는 책임을 지지 않을 수도 있지만 어쨌든 일종의 손실이므로 여전히 바람직하지 않다. 이러한 지시에 대해 앞에 언급한 몇 가지 방법이 모두 통하지 않으면 지연시키는 방법을 사용해 볼 수 있다. 즉, 먼저 지시를 이행하지 않고 일을 어느 정도 내버려 두었다가 처리하는 것이다. 시간이 어느 정도 지연되면 상사가 냉정을 되찾거나 새로운 인식이 생겨서 기존의 생각을 부정할 수도 있다. 이때 상사는 부하가 일을 지연시킨 것을 오히려 고마워할 수도 있다.

상사는 상사로서의 존엄과 체면이 있게 마련이다. 따라서 부하는 이를 마음대로 '침해'해서는 안 되며 상사를 화나게 해 자신에게 불편을 초래하지 않아야 한다.

조언을 구하는 말투로 보고하면
상사가 가장 좋아한다

부하는 자주 상사에게 업무 보고를 한다. 업무 보고는 아주 중요하다. 만약 보고를 제대로 하지 않으면 상사 앞에서 좌절을 겪기 쉽다. 상사에게 업무 보고를 할 때 관건 중의 하나는 태도와 어휘에 주의해야 한다는 것이다. 만약 태도나 어휘에 잘못이 있으면 통과되어야 할 일도 무산될 수 있다.

타오나는 대학 졸업 후 한 회사에 들어가 일했다. 업무 성과도 특출한 데다 성격도 밝고 명랑해서 상사의 총애를 받았다. 일한 지 만 일 년 후 타오나는 중요한 직책으로 발탁되어 점차 회사의 주력 인재가 되었다.

그 후 회사에 신임 상사가 부임해 타오나를 불렀다.

"타오나 씨, 타오나 씨는 업무 능력도 우수하고 경험도 풍부해요.

유능한 사람일수록 많은 일을 하죠. 이 업무들은 타오나 씨가 신경 써서 봐 주세요."

신임 상사의 칭찬과 격려에 타오나는 마음속으로 뿌듯했고 열심히 일해 더 큰 성과를 내기로 다짐했다. 한번은 타오나가 동료 몇 명을 데리고 인근 도시로 가서 중요한 고객과 담판을 지을 예정이었다. 교통편을 선택할 때 타오나는 좋은 생각이 떠오르지 않았다. 버스를 타자니 불편한 데다 피로해져서 담판 결과에 영향을 미칠 수도 있었다. 택시를 타자니 한 대로는 다 탈 수도 없고 두 대로는 비용이 너무 많이 들었다. 고민 끝에 타오나는 편리하고 실속 있게 차를 한 대 빌리기로 결정했다.

생각을 끝낸 뒤 타오나는 직접 일을 처리하지 않았다. 타오나는 몇 년간의 직장 생활을 통해 일에 부딪혔을 때 상사에게 보고해야 할 필요성과 중요성을 분명히 알고 있었다. 그래서 그녀는 상사의 사무실 문을 두드렸다.

"국장님, 내일 저희는 어떤 고객을 만나기 위해 A 시에 가야 합니다. 버스를 타면……. 그래서 차를 한 대 빌리기로 결정했습니다!"

타오나는 보고를 마친 뒤 상사가 흔쾌히 승낙할 것으로 예상했지만 의외로 상사의 표정이 매우 엄숙해진 것을 보았다. 타오나의 말이 떨어지자 상사가 말했다.

"그래요? 제 생각에는 타오나 씨의 생각이 그리 좋지 않은 것 같은데요. 그냥 버스 타고 가세요!"

'뭐? 어떻게 이럴 수가 있지?'

타오나는 의아했다. 그녀는 상사가 왜 이렇게 반응하고 대답하는지 이해할 수 없었다. 그녀가 보기에 이렇게 합리적인 건의가 간단하게 부결되다니 전혀 도리에 맞지 않았다.

사실 타오나의 방안이 좋지 않은 것이 아니라 그녀가 상사에게 보고할 때 한 말이 옳지 않았다. 그녀는 "저는 차를 한 대 빌리기로 결정했습니다."라고 말했다. 상사 앞에서 "저는 어떻게 결정했습니다."라고 말하는 것은 가장 금기시된다. 이미 결정했는데 무슨 조언이 필요하다는 것인가? 또 상사를 어떤 지위에 두는 것인가? 따라서 상사는 부하가 이런 말투로 자신에게 업무를 보고하는 것을 좋아하지 않는다.

그러면 부하는 어떤 말투로 상사에게 업무를 보고해야 할까? 경험적으로 증명된 사실에 의하면 부하는 조언을 구하는 말투로 상사에게 업무를 보고하는 것이 가장 적절하다.

우선 사람은 누구나 남이 자신에게 조언을 구하길 바라는 심리가 있다. 다른 사람이 어떤 일을 해결할 수 없을 때 자신에게 조언을 구하길 바라는 것이다. 그래야 자신이 중요한 존재임을 드러낼 수 있다. 상사로서 이러한 욕구는 특히 분명하고 강렬하다.

만약 타오나가 이렇게 말했다면 어땠을까.

"국장님, 현재 세 가지 선택이 있는데 각각 장단점이 있습니다. 첫째는 버스를 타는 것으로 장점은 실속 있지만 피로할 수 있어 담판의 결과에 영향을 줄 수 있습니다. 둘째는 택시를 타는 것으로 장점은 편리하지만 비용이 많이 듭니다. 셋째는 차를 빌리는 것으로 비용은 택시보다 낮고 편리합니다. 따라서 제 개인적인 생각에는 차를 빌리는 것이 좋을 것 같습니다. 국장님은 경험이 풍부하시니 결정을 내리는 데 도움을 주실 수 있으신지요?"

이러한 조언을 구하는 성격의 보고는 상사가 듣고 난 뒤 기분이 매우 좋아질 것이고 부하의 합리적인 요청을 순순히 승낙할 것이다.

사람은 누구나 남이 자신에게 조언을 구해 자신의 존재 가치를 드러내고 싶어 한다. 상사의 이러한 욕구는 보통 사람보다 훨씬 더 강렬하다. 상사로서 자신의 존재 가치를 더욱 드러낼 필요가 있으므로 조언을 구하는 식의 보고는 상사의 이러한 욕구를 충분히 만족시켜 준다. 상사의 가치가 여지없이 드러나면 상사의 인정과 환영을 쉽게 얻을 수 있다.

따라서 상사에게 업무를 보고할 때 조언을 구하는 말투로 보고하고 특히 결정을 내리는 것과 관계가 있을 때는 더욱 조언을 구하는 방식으로 상사의 의견을 구해 상사가 결정을 내리도록 해야 한다. 상사의 지지를 얻으면 일을 순조롭게 진행시킬 수 있을 뿐만 아니라 상사에게 좋은 인상을 남길 수도 있으니 어찌 이렇게 하지 않겠는가!

상사에게 업무를 보고할 때 조언을 구하는 말투로 보고하고 특히 결정을 내리는 것과 관계가 있을 때는 더욱 조언을 구하는 방식으로 상사의 의견을 구해 상사가 결정을 내리도록 해야 한다.

말을 잘하더라도 잘 들을 줄 알아야 출세할 수 있다

예로부터 대다수 황제들이 말을 잘하고 좋은 말을 하는 사람을 좋아한 것은 분명 인지상정이다. 누군들 좋은 말을 듣고 싶지 않겠는가. 황제도 사람이니 당연히 인습을 면치 못한 것이다. 신하로서 이 이치를 잘 알고 적절한 말로 황제의 기분을 잘 맞춰야 한다. 이렇게 해야 자신을 더욱 잘 보전하고 황제의 은총을 얻을 수 있다.

지에진이 조정에 들어가 관리가 된 후 많은 조정 대신들은 그의 비범한 재능을 질투하여 종종 그를 난처하게 만들었다. 금란전에는 명나라 태조 주원장의 옥새 한 쌍이 진열되어 있었는데 이 두 옥새는 전국의 보물이자 국가의 권력을 상징하는 매우 귀중한 물건이었다.

어느 날, 몇몇 대신들이 그중 한 옥새를 가리키며 지에진에게 말했다.

"자네는 대담하지 않은가. 저 옥새를 감히 부술 수 있겠는가?"

지에진은 웃으며 말했다.

"그게 뭐라고? 부수면 좀 어떤가?"

지에진은 앞으로 다가가 '콰당' 소리와 함께 옥새를 부숴 버렸다.

대신들은 황급히 황제인 주체朱棣에게 보고했다.

"지에진이 간덩이가 부어서 옥새를 부쉈습니다."

주체는 화가 나 지에진을 불러들여 옥새를 부순 이유를 추궁했다.

"만세 강산을 위해 옥새 한 개를 부쉈습니다. 하늘에는 두 개의 태양이 없고 백성에게는 두 명의 군주가 없으니 오직 한 개의 강산이요, 어찌 두 개의 강산이 있습니까?"(강산江山은 중국어로 정권이라는 뜻도 있다 – 역주)

지에진은 큰 소리로 대답했다.

주체는 이 말을 듣자마자 바로 얘기했다.

"옳다! 잘했다! 오직 한 개의 강산뿐이니 어찌 두 개의 강산이 있겠는가. 잘했다! 잘했어!"

지에진이 조정 대신들의 자리로 돌아가자 대신들은 또 지에진을 둘러쌌다.

"대인, 두 번째 옥새도 감히 부술 수 있으면 저희가 정말 승복하겠습니다."

그러자 지에진은 또 앞으로 다가가 남은 옥새 한 개도 부숴 버렸다.

대신들은 또 주체에게 지에진이 두 번째 옥새도 부쉈다고 보고했다. 주체는 크게 노하여 또 지에진을 불러들였다.

"지에진, 네가 간이 부었구나. 방금 오직 한 개의 강산이라 말했거늘 어째서 지금 남은 옥새마저 부숴 버렸는가?"

지에진은 침착하게 아뢰었다.

"만세, 옥새의 강산은 힘이 약해 부서졌습니다. 만약 철의 강산으로 바꾼다면 이는 곧 만만세가 지속될 것입니다. 황제 폐하의 업적이 영원히 지속되도록 옥새를 부수어 철로 바꾸십시오. 그러면 강산은 곧 만대까지 이를 것입니다."

주체는 이를 듣고 심히 기쁘고 즐거워 즉시 금란전에 큰 철새를 둘 것을 분부했다.

오늘날 상하 관계는 비록 예전처럼 그렇게 삼엄하지는 않지만 상사의 위엄을 '침해'할 수 없는 것은 아니다. 상사가 잘못이 있으면 비판하고 바로잡아야 하지만 방법에 주의해야 한다. 어쨌든 상사는 상사이므로 일을 하거나 말을 할 때 상사의 체면이 상사에 대한 존중에 부합하는지, 자신에게 불이익이 적은지 고려해야 한다. 따라서 상사와 소통할 때도 역시 말을 잘하는 방법을 배워야 한다.

상사와 소통하고 교류할 때 말을 잘하는 것뿐만 아니라 잘 듣는 것이 필요할 순간이 있다. 다음 예를 보자.

샤오판은 한 회사에서 비서실 업무를 하게 되었다. 그런데 회사 영업부장은 아주 입심이 좋은 사람으로 부하에게 그가 어디에 다녀왔는지, 누구를 만났는지 이야기하는 것을 좋아했다.

하루는 그가 휴게실에서 샤오판과 마주쳤다. 그는 샤오판에게 얼마 전 해외에서 업무를 처리한 일을 이야기하기 시작했다. 샤오판은 열심히 들었다. 물 흐르듯 말을 마친 뒤 영업부장이 물었다.

"샤오판, 해외에 가 본 적 있나?"

샤오판은 사실대로 대답했다.

"한 번도 없습니다."

그는 또 시기를 놓치지 않고 물었다.

"부장님은 식견이 풍부하시니 분명 해외에 적지 않은 곳을 가보셨겠지요?"

"그렇게 말할 수 있지. 확실히 지난 몇 년간 업무로 많은 나라에 가보았어. 미국, 영국, 캐나다, 일본, 한국, 싱가포르. 얼마 전에는 말레이시아와 태국도 다녀왔어."

영업부장은 사뭇 자랑스러워하며 말했다. 이어서 그는 눈부신 지난날에 대해 이야기하기 시작했고 샤오판은 계속 열심히 듣고 있었다.

일주일 뒤, 영업부장은 샤오판을 지명해 업무 처리를 위해 함께 태국에 갔고 샤오판은 태국에서 돌아온 뒤 영업부 팀장으로 승진했다. 가히 짐작할 수 있듯 샤오판의 승진은 지난번 영업부장의 말을 열심히 경청한 것과 어느 정도 관계가 있었다.

일반적으로 많은 상사들이 신분과 지위를 내세워 남을 가르치려는 습관이 있다. 자신이 전문가인지 아닌지와 관계없이 부하를 가르쳐 자신의 식견과 재능을 드러내기 좋아한다. 따라서 이러한 상사를 상대할 때 입을 닫고 귀를 쫑긋 세워 경청하고 가르침을 받는 사람이 되어야 한다. 절대 자신의 지식을 과시하지 말고 상사의 과시를 빼앗으면 안 된다. 그렇게 하면 화를 자초해 자신에게 해를 입힐 수 있다.

상사와 소통하고 교류할 때 말을 잘하는 것뿐만 아니라 잘 듣는 것이 필요할 순간이 있다.

부하 직원은 상사의 '성적표'다. 착실하게 일하는 부하가 없으면 아무리 뛰어난 상사도 좋은 성과를 낼 수 없다. 따라서 상사로서 부하의 존중과 지지를 얻어야 하며 나아가 자신의 지시가 잘 전달되고 실행되도록 해야 한다. 부하의 존중과 지지를 얻으려면 말을 부하의 마음에 와 닿게 하여 부하가 자발적으로 따를 수 있도록 만드는 것이 이 목적을 실현하기 위한 중요한 지름길이다.

제11장

부하 직원과 대화할 때 인자하면서도 위엄 있게 하자

의논하는 어조로 지시를 내리면
부하가 더 잘 받아들인다

누구나 다른 사람이 명령조로 자신에게 말하는 것을 좋아하지 않는다. 어쩔 수 없이 그 말을 듣더라도 여전히 마음은 불편하다. 따라서 자신이 원하지 않는 것을 남에게 요구해서는 안 된다. 또한 다른 사람과 대화할 때 최대한 명령조를 사용하지 말고 의논이나 부탁의 어조를 사용해야 한다. 그래야 상대방이 더 잘 받아들일 수 있고 자신도 마음이 편해진다.

신분이나 지위 등의 이유로 많은 지도자들이 부하에게 명령조로 말하는 것을 좋아한다. 비록 표면적으로는 부하가 흔쾌히 내답하고 네네 하지만 반드시 마음속으로 진정 동의한다고 할 수는 없으며 오히려 상사의 됨됨이와 방식에 큰 불만이 있을 수 있다. 단지 감히 화내지 못하는 것일 뿐이다.

부하가 기쁜 마음으로 상사의 지시를 따르게 하려면 명령조로 말하지 말고 의논이나 부탁의 어조로 부하와 소통하여 부하가 존중을 받는다는 느낌이 들게 해야 한다. 심리학자들은 우리에게 사람은 자기가 존중받는다고 느낄 때 심리적으로 더 편안함을 느끼고 기분도 더 좋으며 적극성을 발휘한다고 말해준다.

A 시 생태환경관리국의 정 국장은 시 전체 환경회의에서 강연을 하게 되었다. 그는 강연의 대략적인 내용을 비서 샤오저우에게 말해 그에게 강연 원고를 쓰게 했다. 정 국장은 샤오저우와 소통하면서 끊임없이 샤오저우에게 물었다.

"이렇게 쓰면 적당할 것 같나요? 이렇게 설명하면 괜찮겠죠? 더 보충해야 할까요?"

샤오저우는 강연 원고를 다 작성한 후 정 국장에게 보여 주었다. 정 국장은 일부분이 그가 전달하고자 한 의미와 부합하지 않고 어떤 부분은 표현이 정확하지 않음을 발견하고 샤오저우를 불렀다.

"이 문장은 표현이 정확하지 않은 것 같은데 이렇게 수정하면 더 좋지 않을까요?"

샤오저우는 정 국장의 말을 들으며 거듭 고개를 끄덕였다. 짐작할 수 있듯이 샤오저우는 기쁜 마음으로 정 국장의 '뜻'에 따라 강연 원고를 완성했다.

부하가 능동적이고 적극적으로 일하게 만들고 부하에게 능력을 발휘할 수 있는 여지를 주며 업무를 더 좋은 방향으로 발전시키기 위해 부하와 소통할 때 지시하는 방식을 사용하지 않는 것이 더 적절할 때도 있다.

한 회사의 생산부장이 감독자를 불렀다.
"5호 절단기를 A 구역으로 옮기고 와인더 두 개를 추가하면 생산 속도가 향상될 것 같은데 이 방법이 괜찮을까요?"
다음 날, 감독자는 생산부장을 찾아가 말했다.
"저희가 자료도 찾아보고 다른 유닛의 담당자 의견도 참고해 보니 더 좋은 방법이 생겼습니다. 5호 절단기를 A 구역으로 옮긴 후 와인더 두 개를 추가하고 거기에 중형 전송 장치를 더하면 생산 효율이 5~10% 향상될 수 있습니다. 이 방법이 좋을 것 같습니다."

생산부장은 감독자에게 지시를 하는 대신 의논하는 어조로 의견을 교환하였다. 이는 분명 직접적으로 지시를 내리는 방식보다 효과가 더 크다. 만약 딱딱하게 지시만 내렸다면 감독자는 기계적으로 지시에 따랐을 것이고 더 좋은 생각을 하지도 못했을 것이다.
이렇게 예의 있는 방식은 상대방을 존중해 주고 상대방이 편안한 마음으로 지시를 더 잘 받아들이고 의견을 제시하여 힘이 닿는 데까지 사명을 완성할 수 있게 만든다.
요컨대, 상사는 비록 지시를 하는 위치에 있지만 지시를 부드럽게 하고 업무를 성공적으로 진행시키는 동시에 부하가 기쁘게 수용하도록 만든다는 원칙에 의거하여 거만하고 독단적으로 해서는 안 되며 의논하고 질문하는 어조로 부하와 소통해야 한다.

다른 사람과 대화할 때 최대한 명령조를 사용하지 말고 의논이나 부탁의 어조를 사용해야 한다. 그래야 상대방이 더 잘 받아들일 수 있고 자신도 마음이 편해진다.

마음을 공략하면 부하 직원이
말을 더 잘 듣는다

오전에 판매 팀장은 왕옌에게 회사의 지난 1분기 제품 판매 보고서를 작성하라고 지시했다. 왕옌은 보고서를 작성한 후 팀장에게 제출했다. 팀장은 보고서를 읽고 꼼꼼하게 작성된 것을 알고 왕옌에게 말했다.

"오늘 화장이 꼼꼼하게 잘되어 예쁘네요. 그런데 보고서도 화장처럼 꼼꼼하고 예쁘면 더욱 좋겠군요."

왕옌은 이를 듣고 팀장의 '말 속에 숨은 뜻'을 바로 알아차렸다. 비판이 칭찬 속에 담겨 있어서 그녀는 기분이 좋았고 팀장의 완곡한 비판을 기쁘게 받아들였다.

대부분의 경우, 상사의 비판이 효과가 있는지 여부는 그 내용이 얼마나 날카롭고 예리한지에 있는 것이 아니라 비판의 형식과 말하는 방법에 있다. 관리를 잘하는 상사는 모두 마음을 공략하고 말로 특정한 분위기를 만드는 데 능해 부하 직원이 이 분위기의 영향을 받아 기쁜 마음으로 지시에 따르게 만든다.

한 회사에서 총무부 직원 몇 명을 차출하여 마케팅 부서로 보내려고 하였다. 그중 한 직원은 가고 싶지 않아서 불만으로 가득 찼고 부서 내 조언하던 사람들을 모두 물리쳤다.

이 소식을 회사 사장도 알게 되었고 사장은 이 직원을 불러 의미심장하게 말했다.

"우리 회사는 최근 규정에 따라 능력이 없고 발전을 원치 않는 직원 몇 명을 쉬게 하고 대기시키고 있습니다. 이 상황을 모르지 않으시겠죠? 당신은 능력이 있으니 마케팅 부서에 가서서 경험을 쌓길 바랍니다. 순금은 불의 단련을 두려워하지 않는 법이니 분명 아주 큰 경험을 쌓게 될 것입니다."

이 직원은 사장의 말에서 '위기'를 읽어냈다. 쉰다는 것은 경쟁에서 실패한다는 것에 해당하고 결과는 오직 하나, 바로 회사에서 버림받는 것이었다. 그는 회사에서 버림받고 싶지 않아서 순순히 회사의 결정에 따랐다.

사장은 말로써 누구도 안전하지 않다는 긴장된 분위기를 조성하는 데 성공했고 직원이 자신의 위기를 느끼게 했다. 이러한 심리적 압박 하에서 직원은 회사의 결정에 따를 수밖에 없었다.

또 다른 예를 보자.

무더운 정오에 한 무리의 일꾼들이 막사에서 휴식을 취하고 있었다. 쉬는 시간이 지났지만 일꾼들은 꼼짝도 하지 않고 계속 쉬고 싶어 했다. 작업반장이 들어와 일하러 나가도록 일꾼들을 재촉했다. 일꾼들은 작업반장을 무서워하여 벌집을 쑤신 듯 막사를 빠져나가 일하기 시작했다. 하지만 작업반장이 떠나자 그들은 또 막사로 돌아와 휴식을 취했다.

작업반장은 이 사실을 알고 다시 막사로 돌아왔다. 이번에 그는 게으른 일꾼들에게 크게 화를 내지 않고 온화하고 친절한 얼굴로 말했다.

"날씨가 더워서 앉아만 있어도 땀이 나는데 하물며 일하면 어떻겠습니까! 하지만 일은 꼭 해야 하고 제때에 끝내야 하는데 어떡합니까? 좀 참고 나가서 얼른 끝내고 집으로 돌아가 시원하게 따뜻한 물로 샤워하고 맛있는 것을 먹는 수밖에 없지 않겠습니까!"

이렇게 말하자 일꾼들의 열정이 되살아났고 모두 흔쾌히 막사에서 나가 계속 일하기 시작했다.

작업반장은 먼저 일꾼들에게 이 일은 반드시 해야 하고 제때에 끝내야 한다고 말했다. 이는 다른 일을 하기 위한 전제 조건이며 그 후 일을 끝낸 뒤의 아름다운 장면을 묘사했다. 이렇게 듣는 사람의 마음을 공략하여 일꾼들의 의욕을 효과적으로 북돋아 주었고 일꾼들이 흔쾌히 밖으로 나가 계속 일하도록 설득했다.

현명한 관리자는 인자함과 엄격함의 두 가지 방법을 동시에 사용하는 데 능하다. 한편으로는 긴박한 상황을 조성하여 압박감을 주고 다른 한편으로는 상대방을 차근차근 일깨워 희망을 준다. 이렇게 심리적으로 상대방을 제압하여 부하 직원이 자신을 충성스럽게 믿고 따르게 만든다.

현명한 관리자는 인자함과 엄격함의 두 가지 방법을 동시에 사용하는 데 능하다. 한편으로는 긴박한 상황을 조성하여 압박감을 주고 다른 한편으로는 상대방을 차근차근 일깨워 희망을 준다.

좋은 말을 사용하면 부하가 잘 듣고 따른다

어떤 상사들은 부하가 얼마나 관리하기 어렵고 항상 말을 안 듣는지 자주 이야기하곤 한다. 실제로 이러한 상황은 상사가 적절한 말을 잘 못 하는 것과 어느 정도 관계가 있다. 경험이 풍부한 상사는 좋은 말을 사용하여 부하가 잘 듣고 따르게 만든다.

밝은 얼굴과 친절한 태도로 의견을 제안하거나 지시를 내린다

비록 상사가 부하에게 어떤 일을 지시할 수 있는 권력이 있지만 부하에게 어떤 일을 시킬 때 최대한 밝은 얼굴과 친절한 태도로 의견을 제안하거나 지시를 내려야 한다.

예를 들어 이렇게 의견을 제안할 수 있다.

"샤오리, 회사 프린터기가 인쇄할 때 소음이 많아서 동료에게 방해가 되고 기기도 손상될 것 같네. 분명 어디가 고장 난 것 같은데 A/S

센터에 가져가서 어떻게 된 건지 한번 검사해 보게."

"샤오리, 자네가 회사 프린터기에 대해 가장 잘 알지. 이번에 프린터기가 또 고장 났는데 번거롭겠지만 A/S 센터에 가서 수리를 좀 해 주게."

이렇게 할 경우의 장점은 부하가 불편한 심기로 일하는 것을 막을 수 있다는 점이다. 만약 부하가 불편한 심기로 일을 하면 일의 효율이 좋을 리 없으므로 현명한 상사는 대개 호된 말투로 부하에게 의견을 제안하거나 지시를 내리지 않는다. 대신 밝은 얼굴과 친절한 태도로 좋은 말을 사용하여 부하를 구슬려 부하가 기꺼이 상사를 위해 일을 처리하도록 만든다.

칭찬하는 말을 사용한다

실천적으로 증명된 사실에 따르면 상사의 칭찬은 언제나 부하에게 큰 자신감과 용기를 북돋아 주어 일을 더 효과적으로 잘하게 만든다. 부하에 대한 칭찬은 적절한 때에 효과적으로 해야 한다. 부하가 일을 훌륭하게 해 냈을 때 상사는 즉시 부하를 칭찬해 주어야 한다. 칭찬하는 형식은 다양하다. 말로 칭찬할 수도 있고 서면으로 칭찬할 수도 있으며 정신적인 격려를 해줄 수도 있고 물질적인 보상을 줄 수도 있다.

예를 들어 자주 지각을 하는 직원이 한 달 동안 지각을 하지 않았다면 상사는 즉시 이렇게 칭찬할 수 있다.

"샤오펑을 보세요. 이번 달에 아주 부지런하고 큰 발전이 있었으니 칭찬을 받을 만합니다. 모두 그를 보고 배우도록 하세요!"

칭찬을 받은 샤오펑은 큰 격려를 받았고 이후 지각하는 횟수가 이전보다 훨씬 줄었다.

적당한 자극을 주는 방법을 사용한다

속담에 '달래는 것보다 자극을 주는 것이 더 낫다.'는 말이 있다. 특별한 상황에서 다른 사람에게 자극을 주는 방법을 사용하면 좋은 효과를 얻을 수 있다.

부장이 말했다.

"샤오쩡, 계약을 잘 못 따내는 것 같은데 그냥 다른 사람 보내!"

샤오쩡은 무시당하기 싫어서 호언장담했다.

"걱정 마세요. 제가 반드시 이 계약을 성사시킬 거예요. 조금만 기다려주세요!"

2주 후, 샤오쩡은 부장 앞에 계약서를 가져다 놓았다.

일관성 있게 말한다

상사가 다른 사람에게 한 말과 자신에게 한 말이 일치하지 않고 다소 차이가 있음을 발견할 때가 있다. 이러한 상황은 부하의 적극성을 떨어뜨리고 자신이 상사의 마음속에 어떤 위치인지 의심하게 만들며 나아가 상사에 대해 반감이나 심지어 저촉되는 기분을 느낄 수 있다. 상사가 자신에게 한 말과 다른 사람에게 한 말이 동일할 때 부하는 비로소 상사에 대해 신뢰감이 생기고 지시도 기쁘게 받아들일 수 있으며 임무를 힘써 완성할 수 있다. 따라서 상사로서 겉과 속이 다르지 않도록 주의하고 모두 똑같이 대해야 한다.

말하면서 시범을 보인다

어떤 상사들은 부하에게 무턱대고 이래라저래라 지시를 내릴 줄만 안다. 대개 이런 방식은 다양한 원인으로 말미암아 업무 효율을 떨어뜨린다. 지시를 내릴 때 조건이 허락하는 한 상사는 말하면서 시범을 보이는 것이 가장 바람직하다. 이렇게 해야 부하에게 깊은 인상을 줄 수 있을 뿐만 아니라 원동력을 제공하여 임무를 더 잘 완성할 수 있다.

요컨대, 의견을 제안하거나 지시를 내릴 때 상사가 좋은 말을 사용하면 부하는 즐거운 마음으로 열심히 일하고 업무 효율도 높아질 것이다.

상사의 칭찬은 언제나 부하에게 큰 자신감과 용기를 북돋아 주어 일을 더 효과적으로 잘하게 만든다.

이렇게 부하를 비판하면 효과적이고 원한을 사지 않는다

성현이라도 실수를 할 때가 있으며 평생 실수를 하지 않는 사람은 없다. 실수를 했으면 반드시 지적하여 바로잡아야 한다. 따라서 비판은 피할 수 없는 것이다. 그러나 대다수의 사람들은 모두 비판을 싫어한다. 특히 거리낌 없이 직설적인 비판을 싫어한다. 따라서 비판을 할 때에는 방법에 주의해야 한다.

업무 중 상사가 부하를 비판하는 것은 흔히 있는 일이다. 그러나 역시 비판을 하는 방법에 주의해야 한다. 만약 거칠고 직설적으로 비판하면 부하는 말을 듣더라도 불만을 가지게 될 것이고 향후 업무에 있어 유익하지 않은 영향을 미치게 된다.

그러면 어떻게 해야 상사의 비판이 더 효과적이면서도 부하의 반감이나 심지어 원한을 사지 않을 수 있을까? 다음은 상사가 부하를 비판할 때 주의해야 할 사항으로 이러한 내용을 지키면 비판을 통해 최대한 바람직한 효과를 얻을 수 있다.

진지한 태도와 부드러운 말투를 사용하자

부하를 비판할 때 우선 차분하고 온화한 태도를 가져야 하고 화를 내거나 초조해하는 등 부정적인 감정은 최대한 피해야 한다. 이러한 감정은 비판을 공정하고 객관적으로 하기 어렵게 만들어 바람직한 효과를 얻지 못할 수 있다. 비판은 차분하고 편안한 환경에서 해야 하며 비판하는 사람은 진지한 태도와 부드러운 말투를 사용해야 한다. 비판을 받는 사람도 이 분위기의 영향을 받아 비판을 더 잘 받아들이게 된다.

아울러 "넌 내 말을 들어야 돼. 넌 내가 시키는 대로 해야 돼, 그렇지 않으면 내가……."와 같은 명령이나 협박식의 말투로 피해야 한다. 이러한 말은 상대방이 기쁘게 받아들이기 어렵게 만든다.

무엇이 문제인지 명확하게 지적하자

부하를 비판할 때 부하가 저지른 과실과 그 과실이 회사와 개인에 초래한 불리한 영향을 명확하게 지적해야 한다. 무엇이 문제인지 명확하게 지적해야 부하가 자신이 범한 과실 및 그 과실이 초래한 불리한 영향을 깨달을 수 있어 잘못을 인식하고 바로잡는 데 유리하다. 뿐만 아니라 상사의 비판이 일부러 트집을 잡기 위한 것이 아니라 분명한 목표가 있음을 부하가 알 수 있다.

사람이 아닌 일을 비판하자

비판은 사람이 아닌 일에 관한 것이라는 원칙을 따라야 한다. 다시 말하면 비판할 대상은 범한 과실, 즉 구체적인 행위이지 과실을 범한 사람의 인격적 특징이 아니다. 만약 어떤 직원이 자주 지각을 할 경우, 비판해야 할 것은 이 직원의 이기적이고 무책임한 성격이 아니라 이 행위가 회사에 입힌 손실과 다른 직원들에게 미친 영향이 되어야 한다.

비판은 시기와 장소를 고려해야 한다

누구나 자존심이 있다. 설령 상사라도 시기와 장소를 고려하지 않고 마음대로 부하를 비판한다면 부하의 자존심을 상하게 만들고 반감을 사기 쉽다.

어떤 부장이 모든 사원들 앞에서 그들의 과장을 비판했다.
"어떻게 과장이 된 거요? 이 설비들을 어떻게 잊고 안 가져 올 수 있지요? 일을 이렇게 안이하게 해서야 모범이 되겠어요?"
과장의 얼굴이 온통 붉어졌다. 모든 사원 앞에서 부장은 이렇게 그를 비판했고 그는 안절부절못하며 논쟁했다.
"이 설비들을 가져오지 않은 것은 이유가 있었습니다. 조사도 없이 마음대로 비판하시다니요? 인정할 수 없습니다!"
일이 끝난 후, 부장은 과장에게 장소를 가리지 않고 함부로 비판하는 것이 아니었다며 사과를 했다.

상대방의 견해를 밝히도록 하자

부하를 비판할 때 부하에게 과실을 범한 이유 등 자신의 견해를 밝힐 수 있는 기회를 주어야 한다. 이렇게 하는 목적 중 하나는 부하가 비판을 마음으로 받아들이게 하기 위해서다. 만약 일이 상사가 알고 있는 내용과 차이가 있으면 이로써 바로잡을 수 있는 기회를 가질 수도 있다.

샤오딩은 업무 중 큰 과실을 범했다. 고객이 예약한 이천 위안의 화물을 삼천 위안의 화물로 잘못 보낸 것이다. 그러나 이 고객은 삼천 위안의 화물을 받았다고 인정하지 않았다. 월요일 정례회의 시, 샤오딩은 혼날 마음의 준비를 하고 있었다. 과연 부장은 이 일을 언급한 후 물었다.

"샤오딩, 자네는 평소 업무를 꼼꼼하고 열심히 해 왔는데 이번에 분명 무슨 이유가 있었던 거지? 말해 보게."

사실 샤오딩은 멀리 고향에 계신 어머니가 병으로 입원하셨는데 업무 때문에 찾아뵐 수 없는 상황이었다. 그래서 정신이 흐리멍덩하여 업무에 착오가 생긴 것이었다. 샤오딩은 상황을 사실대로 보고한 뒤 경리에게 잘못은 자신이 한 것이라며 손실을 배상하겠다고 말했다.

부장은 샤오딩의 상황과 설명을 이해했고 이를 받아들였다. 회사의 규정에 따라 이번 손실은 샤오딩 한 사람이 부담했다. 또한 회사는 샤오딩에게 일주일간 유급 휴가를 주고 고향에 돌아가 어머니를 뵙도록 했다. 이러한 결정을 샤오딩은 기꺼이 받아들였다.

비판 속에 조언이 있어야 한다

부하를 비판할 때 단순히 문제만 지적하는 것으로 끝나서는 안 된다. 완전한 비판은 잘못을 바로잡기 위한 조언과 잘못을 한 사람에 대한 격려가 포함되어야 한다. 부하가 자신의 잘못에 대한 깨달음을 이야기하도록 한 뒤 그 잘못을 바로잡을 방안에 대해 상사의 의견을 말해주어야 한다.

또한 잘못을 한 사람이 자신감을 회복하고 계속 열심히 할 수 있도록 격려해 주는 것도 잊어서는 안 된다.

비판은 일종의 예술로 일정한 기술에 주의해야 한다. 특히 이러한 상하 관계에서는 비판은 매우 민감하므로 자칫 잘못하면 비판의 효과를 얻을 수 없을 뿐만 아니라 오히려 부하의 반감이나 심지어 원한을 살 수도 있다. 따라서 상사로서 부하를 비판할 때는 방식에 주의하여 바람직한 효과를 얻을 수 있도록 노력해야 한다.

부하를 비판할 때 차분하고 온화한 태도를 가져야 하고 화를 내거나 초조해 하는 등 부정적인 감정은 최대한 피해야 한다.

부하 직원을 이렇게 칭찬하면
상사와 부하가 모두 빛난다

상사로서 부하 직원을 칭찬하는 것은 상사의 관리 능력을 드러낸다. 칭찬하는 방법을 알고 잘 활용하면 부하는 충성스럽게 상사를 믿고 따를 것이고 심지어 은혜에 감사하기까지 할 것이다. 그러나 칭찬하는 방법을 모르고 제대로 활용하지 않으면 바람직한 효과를 얻지 못할 뿐만 아니라 오히려 정반대의 효과를 얻을 수 있으며 불필요한 말썽을 일으킬 수 있다. 그러면 부하 직원을 어떻게 칭찬하면 좋은 효과를 얻을 수 있을까?

적절한 때에 격려하고 칭찬하자

뛰어난 조련사들은 동물이 공연을 성공적으로 끝낸 뒤에는 격려나 칭찬이 반드시 필요하다는 사실을 모두 잘 알고 있다. 예를 들어 격려하는 말을 하거나 머리를 가볍게 치거나 좋아하는 음식을 줄 수 있다.

사실 사람은 동물보다 더 격려와 칭찬이 필요하다. 상사로서 부하의 잘한 점을 알고 나면 즉시 부하를 격려하고 칭찬해야 한다. 예를 들어 "잘했어요. 계속 노력하세요!", "아주 훌륭해요!", "잘했어요. 훌륭해요!"와 같은 말은 부하를 기쁘게 하고 북돋아 주어서 의욕적으로 일하게 만든다.

한 회사가 최근 몇 년간 뛰어난 성과를 올려 가파르게 상승했다. 업계 사람들은 이를 매우 궁금하게 여겼다. 이 회사의 사장이 마침내 비밀을 이야기했다.

"별것 아닙니다. 저는 그저 직원이 성과를 얻었을 때 진심으로 칭찬한 것뿐입니다."

상사로서 부하가 어떤 격려나 칭찬에 합당한 일을 했는지 제때에 발견하고 제때에 격려하고 칭찬해야 한다. 설령 아주 미미한 발전이나 성과라도 인정과 칭찬을 해주어야 한다. 이렇게 하면 그들은 계속 발전하여 회사와 당신을 위해 더 많은 일을 할 수 있게 되고 동시에 당신과 회사에 대해 감사하는 마음을 가질 수 있다.

작은 일도 크게 칭찬하자

작은 일은 상대적인 것일 뿐이다. 엄격하게 말하자면 세상에 작은 일은 없다. 어떠한 조건하에서는 작은 일이 큰 일이 될 수 있기 때문이다. 삶 속에서 많은 사람들은 작은 일이나 작은 성과로 남을 칭찬하려 하지 않는다. 그것은 작은 일에 불과하고 칭찬할 가치가 없다고 여기기 때문이다. 그러나 작은 일이 작지 않다는 사실을 안다면, 특히 직장에서 상사로서 작은 일에 대해 시기적절하게 부하를 칭찬하면 부하의 마음에 큰 파장이 일으켜 그의 마음과 행동을 변화시켜 평생에 영향을 미칠 수 있다.

어느 날, 입사한 지 얼마 안 된 샤오왕은 회사 화장실 변기가 물이 새고 있음을 알게 되었다. 다음 날, 그는 집에서 수리 도구를 가져와 점심시간을 이용해 누수된 변기를 수리했다.

생각지도 않게 샤오왕이 사소한 일이라 생각했던 이번 일이 회사 사장에게 전해져 '큰 파란'을 일으켰다. 직원들이 보기에 매우 신중한 사장은 이 일을 알고는 곧바로 전 직원 회의를 소집할 것을 지시했다.

회의에서 사장은 모든 직원들 앞에서 샤오왕이 자발적으로 누수된 변기를 수리한 일을 말한 뒤 샤오왕을 무대로 불러 크게 칭찬하고 모든 직원들에게 샤오왕을 본받을 것을 호소했다.

"평범한 직원으로서 회사와 자신과 상관없는 이익을 마음에 두고 회사 일을 집안일처럼 대할 수 있다는 것은 무엇을 말해줍니까? 바로 그의 마음속에 회사가 있다는 것을 말해줍니다. 이는 회사를 집처럼 여기는 직업 정신이며 이 정신은 매우 귀중하고 기특한 일입니다. 우리 모두 그를 본받도록 하고 샤오왕도 한층 더 분발하여 계속 우리의 좋은 본보기가 되어 주길 바랍니다!"

자리에 앉아 있던 직원들은 사장이 오로지 평범한 직원 한 명을 칭찬하기 위해 전체 회의를 소집한 것을 보고 사장이 사소한 일을 크게 떠벌린다고 생각했고 심지어 쇼를 하는 것은 아닌가 하고 의심하기도 하며 대수롭지 않게 여겼다. 그러나 이 일은 당사자인 샤오왕에게 매우 큰 감동을 가져다 주었다.

"나는 원래 이렇게 대단하구나!"

그때부터 샤오왕은 일에 대한 열정이 불타올랐고 정말 사장이 말한 것처럼 회사를 집으로 여기고 회사 일을 집안일처럼 여겨 언제나 회사를 생각하고 충성을 다해 불평하지 않고 일했고 점점 회사의 튼튼한 기둥이 되었다. 이 모든 것은 오직 수 년 전 사장이 회의에서 말한 그 칭찬과 격려의 말에서 비롯된 것이었다.

어떤 이는 말한다.

"나는 칭찬하길 원한다. 나는 남을 칭찬하는 데 있어 매우 너그럽다."

상사로서 이러한 마음과 태도를 가지고 이러한 습관을 길러야 한다. 이러한 태도와 습관은 상대방을 완성시킬 뿐만 아니라 자기 자신도 완성시키기 때문이다.

상사로서 부하 직원을 칭찬하는 것은 상사의 관리 능력을 드러낸다. 칭찬하는 방법을 알고 잘 활용하면 부하는 충성스럽게 상사를 믿고 따를 것이고 심지어 은혜에 감사하기까지 할 것이다.

부하 직원에게 이렇게 나쁜 소식을 전하면 감정을 상하지 않게 할 수 있다

상사로서 부하 직원에게 나쁜 소식을 전해야 하는 상황을 피할 수 없다. 예를 들어 부하에게 해고를 통보하거나 고생해서 만든 기획서가 부결되었음을 통지하거나 또는 업무 태도와 방식이 바르지 않음을 직접적으로 비판하는 등의 상황이다.

누구나 좋은 소식을 전하고 싶어 하고 나쁜 소식은 전하고 싶어 하지 않는다. 부하에게 나쁜 소식을 전할 때 부하의 속마음은 분명 매우 불편할 것이다. 이때 어휘 사용이 부적절하거나 말투가 적절하지 않으면 부하의 반문을 하거나 심지어 악담을 할 수도 있다. 따라서 부하에게 나쁜 소식을 전할 때 어휘 사용과 말투에 반드시 주의하여 감정을 상하지 않도록 해야 한다. 이렇게 해야 부하가 더 잘 받아들일 수 있다.

이미 통과된 안을 어떠한 원인 때문에 수정해야 할 때 (주: 이 안은 부하가 밤을 새며 고생해서 만든 것이다.) 상사로서 부하에게 어떻게 전할 것인가? 이때 부하의 기분을 반드시 고려해야 한다. 고생해서 만든 것이 부결되는 것은 분명 괴로운 일이다. 그러므로 "부결됐으면 부결된 거지. 다시 만드는 수밖에." 또는 "나와 상관없는 일이야. 회사 간부들이 함께 결정한 사안이야. 나도 방법이 없어."라고 말하지 말자.

이런 말은 부하의 마음을 상하게 하고 화나게 만들 수 있다. 부하의 입장에 서서 부하의 마음을 위로해 주어야 한다.

"정말 유감이야. 아마 상부에서 다른 생각이 있어서 이 안을 부결한 걸 거야. 하지만 자네의 노력은 위에서 눈여겨보고 기억할 거야. 우리 한층 더 분발해서 더 좋은 결과물을 만들어 보자고."

이렇게 하면 부하는 위로를 얻고 '기꺼이' 코앞의 현실을 받아들일 것이다.

부하가 열심히 작성한 제안서를 검토해 주기로 하였는데 업무가 너무 바빠서 또는 다른 이유 때문에 이 일을 까맣게 잊고 있었다. 2주 후, 부하가 이 일에 대해 묻자 그제야 갑자기 생각이 났다. 이때 상사는 부하에게 미안한 마음을 표하고 답변을 줄 수 있는 시간을 설명하는 것이 가장 좋다.

이렇게 말할 수 있다.

"이 일을 완전히 잊고 있었어요. 정말 미안해요. 이렇게 합시다. 일주일만 더 주면 꼭 만족스러운 대답을 주도록 할게요."

부하는 상사가 아직 제안서를 보지 않았음을 알고 처음에는 화가 날 것이다. 하지만 상사가 진심 어린 사과와 약속을 듣고 나면 대개 더 이상 화내지 않을 것이다.

만약 이 제안서가 상부의 검토를 받아야 하는 것이라면 상사는 즉시 제안서를 제출하고 부하가 이 일을 물었을 때 사실대로 상황을 이야기하면 대개 부하의 양해를 얻을 수 있다. 만약 상부에서 이미 검토했으나 제안을 부결하기로 했다면 상사는 역시 부하에게 사실대로 상황을 설명하면 부하의 양해를 얻고 감정을 상하지 않게 할 수 있다.

상사를 가장 난처하게 만드는 일은 부하에게 전직이나 사직의 소식을 전하는 것이다. 이러한 소식은 부하에게 매우 큰 충격이고 부하의 기분도 큰 영향을 받아 괴로워질 것이다. 따라서 부하에게 이러한 소식을 전할 때 온화한 태도로 인내심 있게 위로하고 회사의 이익과 개인의 이익이라는 두 가지 측면을 고려하여 부하를 타일러 회사가 내린 결정을 이해하고 받아들일 수 있도록 해야 한다.

이렇게 말할 수 있다.

"회사가 내린 이번 결정을 이해해 주게. 회사도 어려워서 그런 거지 이번 결정을 내리고 싶지 않았을 거라고 믿네. 자네의 노력은 모두가 잘 알지만 어떤 이유와 변화 때문에 지금은 이 직위가 자네에게 어울리지 않네. 이 점도 자네가 이해해 주길 바라네. 새로운 부서도 자네의 능력을 보여줄 수 있는 곳이니 너무 걱정하지 말게. 그리고 자네에게 준 상처를 메우기 위해 회사에서 3개월 치 월급을 보상해 줄 거니 받아주고 이해해 주길 바라네."

설령 부하가 전직이나 해고되는 결정을 받아들이지 못하더라도 상사의 인정 어린 위로에 더 이상 말을 하지 못할 것이고 심지어 회사와 상사의 따뜻한 조치에 감사히 여길 수도 있다. 요컨대, 감정을 상하지 않는다는 원칙을 기반으로 부하와 적극적으로 소통하고 부하의 이해와 지지를 얻어내면 다음 업무에 좋은 감정의 기반을 쌓을 수 있다.

부하에게 전직 또는 사직의 소식을 전할 때 온화한 태도로 인내심 있게 위로하고 회사의 이익과 개인의 이익이라는 두 가지 측면을 고려하여 부하를 타일러 회사가 내린 결정을 이해하고 받아들일 수 있도록 해야 한다.

고객은 판매원에게 하느님이다. 어떻게 '하느님'과 잘 소통하고 잘 대화하는지는 판매원이 고객과 좋은 관계를 맺을 수 있는지와 관련된다. 그러나 도대체 어떻게 해야 고객과 잘 소통하고 교류하여 고객에 판매원의 말을 듣고 싶어 하도록 만들 수 있을까? 간단히 말하면 말을 고객의 마음에 와 닿게 하는 것이다. 이렇게 하면 자연스레 고객의 흥미를 불러일으킬 수 있고 판매원의 말을 듣고 싶어 하게 된다.

제12장

고객과 대화할 때 고객의 마음에 맞춰 적극성을 이끌어내자

'작은 이익으로 유인하는 효과'를
이용해 고객을 '붙잡자'

 '작은 이익으로 유인하는 효과'란 무엇일까? 다음의 사례를 보면 알 수 있다.

1996년 미국의 한 심리학자 협회에서 한 가지 실험을 하였다. 그들은 사람들을 보내 캘리포니아 주의 일부 거주지의 가정주부들을 임의로 방문했다. 그들은 이 가정주부들에게 창문에 작은 간판을 걸어달라고 요청했다. 대부분의 주부들이 이 요청에 흔쾌히 승낙했다.

얼마 후, 그들은 또 한 차례 이 가정주부들을 방문하여 이번에는 그다지 예쁘지 않은 간판을 창문에 걸어달라고 요청했다. 지난번과 마찬가지로 대부분이 승낙했다.

또 얼마 후, 그들은 세 번째로 이 가정주부들을 방문했고 크지도 예쁘지도 않은 간판을 마당에 놓아 달라고 요청했다. 결과는 여전히 많은 이들이 이 요청에 승낙했다.

그들은 또 사람을 보내 다른 가정주부들을 임의로 방문하여 크고 예쁘지 않은 간판을 마당에 놓아 달라고 요청했다. 그 결과 이 요청에 승낙한 이들은 매우 적었다.

이 조사에 따라 심리학자는 한 가지 결론을 얻었다. 그것은 바로 만약 어떤 사람이 일단 한 가지 요구를 받아들이면 상대방이 큰 요구를 했을 때 그 요구를 들어주는 경향이 있다는 사실이다. 이 심리 법칙이 바로 '작은 이익으로 유인하는 효과'다.

판매원이 이 효과를 알고 판매 시에 잘 활용한다면 고객에게 거절당할 확률을 낮추는 데 큰 도움이 되고 판매 목표도 더 빨리 달성할 수 있다.

모리와 궤미는 신세계 백화점에서 만나기로 약속했다. 모리는 조금 일찍 도착해서 기다리는 시간 동안 백화점 의류 코너를 돌아보고 있었다.

"고객님, 들어오셔서 보세요. 이게 올해 최신 유행하는 스타일입니다. 마음에 드세요?"

순간 의류 매장의 판매원 아가씨가 얼굴에 미소를 띠며 친절하게 인사를 건넸다.

"음, 멋있네요. 그런데 저는 옷을 사러 온 게 아니라 그냥 둘러보는 거예요."

모리가 대답했다.

"괜찮아요. 사지 않으셔도 돼요. 들어와서 한번 보세요."

판매원이 다시 한 번 친절하게 요청했다.

모리는 잠시 생각하다가 그냥 보기만 하고 사지 않으면 되니 이 의류 매장으로 들어갔다.

"고객님, 이 옷이 특히 고객님께 잘 어울릴 것 같아요. 유행하는 스타일이 고객님의 우아한 분위기와 아주 잘 어울리네요. 여기 한번 입어 보세요. 사지 않으셔도 괜찮아요."

판매원은 아주 친절해 보였다.

모리는 잠시 생각하다가 입어 보기만 하고 사지 않으면 되니 판매원이 건네준 옷을 입고 탈의실로 들어갔다.

얼마가 지난 후 모리는 옷을 입고 탈의실에서 나왔다.

"보세요. 제 말이 맞죠? 직접 한번 보세요. 이 옷을 입으니 얼마나 예쁘고 우아하세요. 선녀가 내려온 것 같아요."

판매원이 놀라며 기쁜 얼굴로 말했다.

"그래요? 어디 한번 보죠. 음, 괜찮네요."

모리는 거울 앞에서 왔다 갔다 했다. 결국 모리는 궤미가 오기 전에 당초 살 생각이 없었던 옷을 구매했다.

여기에서 판매원 아가씨는 '작은 이익으로 유인하는 효과'를 잘 활용해 판매 목표를 세분화했다. 우선 모리가 매장에 들어와 구경하도록 유도한 뒤, 옷을 입어보도록 권유하여 한 단계씩 자신이 쳐 둔 '판매 계략'에 빠지도록 유인했다. 그래서 결국 모리가 가격이 결코 싸지 않은 옷을 구매하게 만드는 데 성공했다.

이 방법은 작은 이득을 얻기 좋아하고 체면을 중시하는 사람에게 사용하기 특히 알맞다. 작은 이득을 얻기 좋아하여 작은 요구에 승낙하기 쉽기 때문이다. 또한 체면을 중시하기 때문에 점점 더 깊은 함정에 빠졌을 때 빠져나가는 데 전혀 손해가 없더라도 민망해서 어쩔 수 없이 돈을 쓴다.

한 바퀴벌레 약 판촉원이 가는 곳마다 홍보를 했다.
"저는 모 회사에서 나왔습니다. 저희 회사는 바퀴벌레 퇴치 봉사 활동을 하고 있습니다. 팸플릿과 바퀴벌레 퇴치 설명서를 나눠 드리고 무료로 바퀴벌레도 퇴치해 드립니다."

작은 이득을 얻기 좋아하는 사람들이 무료라는 것을 듣고 연달아 이 판촉원을 집으로 불러 바퀴벌레를 퇴치해 달라고 하였다. 작업이 끝난 후 판촉원과 사람들이 앉아서 이야기를 나누었다. 이때 판촉원은 음식 위생과 바퀴벌레의 관계에 대해 설명한 뒤 회사에서 새로 나온 바퀴벌레 퇴치약에 대해 설명하기 시작했다.

그 결과, 판촉원에게 무료로 바퀴벌레를 퇴치해 달라고 한 사람들 중 대다수가 면목이 없어서 돈을 꺼내 바퀴벌레 퇴치약을 구매했다.

판매 시 목표를 세분화한 뒤 단계별로 '작은 이익으로 유인하는 효과'를 활용해 점점 고객을 '붙잡으면' 결국 판매 목적을 달성할 수 있다.

 판매 시 판매원이 '작은 이익으로 유인하는 효과'를 알고 잘 활용한다면 고객에게 거절당할 확률을 낮추는 데 큰 도움이 되고 판매 목표도 더 빨리 달성할 수 있다.

먼저 고객을 칭찬하면
자연스레 환심을 살 수 있다

대개 가르침을 구하는 것은 일종의 칭찬이다. 가르침을 구하는 것은 보통 자신보다 현명한 사람에게 문제를 해결할 방법을 자문하는 것이기 때문이다. 따라서 이는 상대방의 능력과 지식에 대한 또 다른 방식의 칭찬에 해당되고 상대방은 기분이 좋아지게 마련이다.

데이비드는 미국 맨해튼의 중고차 판매원이다. 하루는 구매 의향이 있는 고객을 데리고 그가 판매하는 중고차를 보러 갔다. 그러나 이 고객은 아주 까다로워서 이 차는 성능이 좋지 않고 저 차는 디자인이 너무 못생겼고 또 저 차는 가격이 너무 높다고 말했다.

그 상황에서 데이비드는 고객에게 추천을 멈추고 스스로 마음에 드는 차를 고르도록 했다. 며칠 후, 또 다른 고객이 오래된 차를 몰고 데이비드를 찾아왔다. 데이비드는 차를 살펴 본 후 그 까다로운 고객이 생각났다. 그는 이 중고차가 그 까다로운 고객의 마음에 들 수도 있을 것 같아서 그 고객과 약속을 잡았다.

데이비드는 그 까다로운 고객을 만나자마자 말했다.

"자동차 가치 감정에 있어서 고객님은 보기 드문 전문가십니다. 고객님처럼 자동차 가치를 정확하게 평가하는 사람은 아주 적습니다. 지금 고객님의 도움이 필요한 자동차 한 대가 있는데 성능을 한번 봐 주시고 얼마에 팔아야 적당할지 말씀해 주십시오."

까다로운 고객은 얼굴에 웃음을 지으며 흔쾌히 데이비드의 부탁을 들어주었다. 그는 차를 한 바퀴 몰고 돌아와 데이비드에게 말했다.

"300달러에 팔면 충분할 거라 확신합니다."

"아, 감사합니다. 그러면 고객님께서 그 가격에 사 가시는 것은 어떠십니까?"

데이비드가 물었다.

"괜찮죠. 전혀 문제없어요. 이 정도 차에 이 정도 가격이면 가져가고 싶네요."

까다로운 고객은 이렇게 말했다.

바로 이렇게 데이비드는 칭찬을 통해 교묘하게 고객의 환심을 샀고 중고차를 성공적으로 팔 수 있었다.

적당한 칭찬은 고객과의 관계를 개선하고 고객의 호감을 얻는 데 도움이 된다. 고객을 칭찬하면 고객은 존중받고 심지어 존경받는다는 느낌을 가지게 되어 자연히 기분이 좋아지고 상대방에 대해 호감을 가지게 된다. 이렇게 고객과 한층 더 소통하고 교류하는 데 좋은 기반을 다질 수 있다.

대개 가르침을 구하는 것은 일종의 칭찬이다. 이는 상대방의 능력과 지식에 대한 또 다른 방식의 칭찬에 해당하여 상대방은 기분이 좋아지게 마련이다.

대화의 돌파구를 찾아
고객의 마음을 열자

대체로 낯선 사람에게 제품을 판매하는 일은 어느 정도 어려움이 있다. 이러한 상황에서 판매원으로서 돌파구를 찾아 고객의 마음을 열어 상황을 판매에 유리한 방향으로 발전시켜야 한다.

펜실베이니아 주 피델 전력 회사의 판매원인 데이브는 어느 날 펜실베이니아 주 교외에서 전기 업무를 하고 있었다. 그는 교외에 아주 넓은 농가 한 채가 있는 것을 보고 다가가 집주인을 방문하려고 하였다. 농가의 여주인 포드가 문을 열었다.

포드 부인은 열린 문틈으로 데이브를 훑어보았다. 데이브는 여주인에게 예의 바르게 자신의 신분과 방문 목적을 말했다. 그러나 예상치도 못하게 포드 부인은 이를 듣고 한 마디도 하지 않고 '쾅' 소리를 내며 문을 세게 닫았다. 데이브는 어떻게 된 영문인지 몰라 다시 문을 두드렸지만 포드 부인은 다시 문을 열어주지 않았다.

데이브는 이 여주인이 닭 사육에 성공하여 꽤 규모 있게 키웠고 이를 매우 자랑스럽게 여긴다는 사실을 알게 되었다. 데이브는 판매 기회가 왔다고 생각했다. 이튿날, 데이브는 또다시 포드 부인의 대문을 두드렸다.

포드 부인가 문을 열어보니 또 데이브여서 문을 닫으려 하였다. 데이브는 재빨리 말했다.

"포드 부인, 안녕하세요. 지난번에 외람되게 부인께 폐를 끼쳐 죄송합니다. 그런데 이번에는 전기를 판매하러 온 것이 아닙니다. 듣자 하니 부인께서 닭 사육을 아주 잘하시고 달걀 품질도 좋다고 해서 일부러 구매하러 온 것입니다. 그리고 닭 사육과 관련된 몇 가지 질문도 드리고 싶습니다."

포드 부인은 데이브의 말을 다 듣고 얼굴에 웃음을 드러내며 대문을 활짝 열어주었고 예의 있게 데이브를 마당으로 안내했다.

데이브는 빠르게 마당 안에 있는 닭장을 살펴본 후 말했다.

"존경하는 포드 부인, 설비와 대지 규모를 보니 닭 사육으로 버는 돈이 분명 남편께서 버는 돈보다 많으시지요?"

포드 부인은 그 말을 듣고 매우 즐거워보였고 얼굴에 웃음도 더 많아졌다. 그녀는 오랫동안 닭 사육에 대해 남편의 인정을 받지 못했지만 줄곧 자신을 자랑스럽게 여겨왔다. 오늘 데이브의 말을 듣자 자연스레 그녀는 흥분되었다. 그녀는 데이브에게 선뜻 닭장을 구경시켜

주었고 자신의 사육 경험을 소개하기 시작했다. 대화 중간에 두 사람은 닭 사육 시 전기의 좋은 점과 필요성에 대해서 이야기를 나눴다.

대화 중에 데이브는 포드 부인의 똑똑한 머리와 풍부한 경험을 줄곧 칭찬했고 포드 부인은 기쁘게 받아들였다. 이 즐거운 방문을 마친 뒤 십여 일이 지나자 데이브는 포드 부인과 포드 부인의 이웃들에게 우편으로 전기 사용 신청서를 받았다.

데이브는 판매를 직접적으로 거절당한 후 조사를 통해 고객이 관심 있는 화제를 알아냈다. 그 후 고객이 관심 있는 화제로 고객과 신나게 이야기를 나눠 고객과의 거리를 좁혔고 마침내 판매 목적을 성공적으로 완성했다.

많은 경우, 어떤 제품을 거절한 고객이 정말 그 제품이 필요하지 않은 것은 아니다. 때로는 고객이 그 제품이 자신에게 어떤 가치가 있는지 정말 모르는 경우도 있다. 이러한 상황에서는 판매원이 돌파구를 찾아 고객의 마음을 열어 거래를 성사시켜야 한다.

판매원으로서 돌파구를 찾아 고객의 마음을 열어 상황을 판매에 유리한 방향으로 발전시켜야 한다.

'권위 효과'를 이용하면
고객은 순순히 말을 듣는다

　빠르게 발전하는 사회에서 끊임없이 쏟아지는 새로운 사물은 눈을 어지럽게 만들고 너무 많아서 미처 다 볼 수도 없다. 사람들은 어떤 사물이 진짜인지, 가짜인지, 좋은지, 나쁜지 바로 구별할 수가 없다. 이러한 상황에서 대다수의 사람들은 전문가의 말을 신뢰하기로 선택한다.

　게다가 많은 사람들은 권위와 전문가 또는 숙련가를 신뢰하는 심리가 있는데 이것이 바로 소위 말하는 '권위 효과'다. 대과학자 아인슈타인도 이렇게 말한 적이 있다.

　"내가 늘 작게 중얼거리는 소리도 나팔의 독주가 된다."

　2008년 9월 27일, 투자의 신 워런 버핏은 전략 투자자의 신분으로 18억 홍콩 달러를 지불해 BYD 주식 2.25억 주를 구입했다. BYD의

주식 가격은 빠르게 상승해 88 홍콩 달러까지 상승했다! 왜 이토록 빠르게 상승했을까? 이유는 바로 투자의 신 워런 버핏이 구입한 데 있다. 개인 투자자들은 이 주식이 분명 오를 것이라고 생각하여 과감하게 주식을 구매했다. 이것이 바로 '권위 효과'다.

사실 권위를 신뢰하고 추종하는 것은 인간의 안전을 추구하는 심리적 요구에서 비롯된다. 권위나 전문가를 따르는 것은 자신의 안전을 추구하는 심리적 요구를 만족시킬 수 있으므로 기꺼이 그렇게 하고자 하는 것이다.

어느 심리학 강의에서 한 심리학자가 학생들에게 다른 학교에서 초청한 전문가를 소개했다. 그는 학생들에게 이 전문가가 외국에서 왔으며 유명한 화학 연구를 많이 하였고 영향력 있는 학술 논문도 발표했다고 말했다. 이번에 학교 이사회가 화학 연구 수준을 향상시키기 위해 높은 연봉으로 모셔온 것이다. 학생들은 뜨겁게 환영했다.

한 화학 수업에서 이 화학자는 아주 진지하게 투명한 액체를 담은 병을 꺼내며 학생들에게 말했다. 이것은 그가 새롭게 발명한 화학 물질로 특별한 냄새가 났다. 그는 병뚜껑을 열어 자리에 앉은 학생들이 맡아 보도록 했다.

"냄새를 맡은 학생은 손을 들어주세요."

이에 많은 학생들이 손을 들었다. 마지막에 이 화학자는 유감스러워하며 사실 이 병 안에 담긴 액체는 일반적인 증류수이며 특별한 냄새가 나는 화학 물질이 아니라고 학생들에게 말했다. 그러면 분명 냄새가 없는 증류수에서 왜 그렇게 많은 학생들이 냄새를 맡았던 것일까? 답은 간단하다. 바로 이 새로운 물질을 발명한 사람이 업계에서 유명한 전문가라고 들었기 때문이다.

이 사례는 많은 사람들이 전문가를 강하게 신뢰하는 심리적 경향이 있다는 사실을 말해준다. 비록 이러한 신뢰와 인정은 대개 맹목적인 것이지만 말이다. 또한 이러한 '권위 효과'는 판매원들이 고객과 대화할 때 그들을 사로잡기 위해 전문적인 용어를 적절하게 사용해야 함을 깨닫게 해준다.

한 운송 회사는 적재량이 4톤인 대형 트럭을 구매할 계획이었다. 그러나 비용 절약이 필요하여 그 대신 적재량이 2톤인 트럭을 구매하고 싶어 했다. 판매원은 이 상황을 알고 난 후 고객과 다음과 같이 대화를 나눴다.

판매원: "회사가 운송해야 하는 화물 중량이 얼마나 되나요?"
고객: "그건 고정적이지 않지만 대다수가 2톤 정도일 겁니다."
판매원: "어떤 때는 많고 어떤 때는 적다는 말씀이시죠?"
고객: "네, 그렇게 이해하시면 됩니다."
판매원: "사실과 이론에 근거하면 적재량이 얼마인 트럭을 선택할지는 우선 운송하는 화물 중량을 고려해야 하고 다음으로는 어떤 도로 상황에서 운전을 하는지 봐야 합니다. 만약 겨울에 언덕 지역을 운전하면 자동차 자체의 압력이 평소보다 커집니다."

고객: "저희는 대부분 그런 환경에서 운전을 합니다."

판매원: "아, 좋습니다. 회사가 운송해야 하는 화물 적재량이 보통 2톤 정도이고, 만약 2톤이 초과되면 겨울에 언덕 지역을 운전할 때 차는 과부하 상태에 걸릴 것입니다. 따라서 여유를 좀 남겨두어야 좋지 않을까요? 게다가 자동차 사용 수명도 연장할 수 있습니다."

고객은 깊이 생각하기 시작했다.

"그 말씀은……."

판매원: "사용 수명과 가격도 종합적으로 고려해야 합니다. 여기 트럭 적재량 및 사용 수명, 가격 관련 비교표가 있습니다. 한번 보십시오."

고객: "네, 한번 보죠."

결국 이 고객은 적재량이 4톤인 대형 트럭을 구매해 갔다.

이 판매원은 전문적인 용어를 사용해 고객을 사로잡았고 고객의 신뢰를 얻어 마침내 적재량이 4톤인 자동차를 판매하는 데 성공했다.

이를 통해 알 수 있듯이 판매원으로서 전문가의 역할을 담당하여 고객에게 전문적인 업무 소개와 답변을 제공해야 한다. 이렇게 해야 고객에게 최대한 많은 신뢰를 얻을 수 있다.

사람들은 어떤 사물이 진짜인지, 가짜인지, 좋은지, 나쁜지 바로 구별할 수가 없다. 이러한 상황에서 대다수의 사람들은 전문가의 말을 신뢰하기로 선택한다.

단숨에 상대를 사로잡는 대화의 기술

초판 1쇄 인쇄 | 2018년 4월 20일
초판 3쇄 발행 | 2024년 9월 30일

지은이 | 안치(安琪)
옮긴이 | 강란
펴낸이 | 최근봉
펴낸곳 | 도서출판 넥스웍
디자인 | 디자인파코

주　　소 | 경기도 고양시 덕양구 행신동 햇빛마을 2004동 1206호
전　　화 | 031-972-9207
팩　　스 | 031-972-9208
이메일 | cntpchoi@naver.com
등록번호 | 제2014-000069호

ISBN 979-11-88389-06-3(13190)

책값은 표지 뒷면에 표기되어 있습니다.
잘못된 책은 구입하신 서점에서 교환해 드립니다.